MÁS ALLÁ DE LO QUE VES

MÁS ALLÁ DE LO QUE VES

TU DESTINO LO ELIJES TÚ.

EL SIGUIENTE PASO DESPUÉS DE LA TRANSMUTACIÓN

SORAYA REYES PEREZ

MÁS ALLÁ DE LO QUE VES

Nota a los lectores: Esta publicación contiene opiniones e ideas de su autora. Su intención es ofrecer material útil e informativo sobre el tema tratado. Las estrategias señaladas en este libro pueden no ser apropiadas para todos los individuos y no se garantiza que produzca ningún resultado en particular. Este libro se vende bajo el supuesto de que ni el autor no el editor, ni la imprenta se dedican a prestar asesoría o servicios profesionales legales, financieros, de contaduría, psicología u otros. El lecotr deberá consultar a un profesional capacitado antes de adoptar las sugerencias de este libro o sacar conclusiones de él. No se da ninguna garantía respecto a la precisión o integridad de la información o referencias incluidas aquí, y tanto el autor como el editor y la imprenta y todas las partes implicadas en el diseño de la portada y distribución, niegan específicamente cualquier responsabilidad por obligaciones, pérdidas o riesgos, personales o de otro tipo, en que se incurra como consecuencia, directa o indirecta, del uso y aplicación de cualquier contenido del libro.

Más allá de lo que ves
Primera edición: Enero de 2019
© Soraya Reyes Perez 2019
Autoedición y diseño: Soraya Reyes Perez
La publicación de esta obra puede estar sujeta a futuras correcciones y amplificaciones por parte de autor, así como son de su responsabilidad las opiniones que en ella se exponen.
Quedan prohibidas, dentro de los limites establecidos por la ley y bajo las prevenciones legalmente previstas, la reproducción total o parcial de esta obra por cualquier medio o procedimiento, ya sea electrónico o mecánico, el tratamiento informático, el alquiler o cualquier forma de cesión de la obra sin autorización escrita en los titulares del copyrigh.

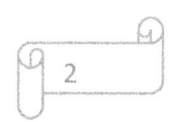

Eres el creador de tu vida, eres quien crea tu destino.

Para unas personas el destino está escrito, para otras el destino lo escribes tú.

¿Qué tipo de persona eres tú?

MÁS ALLÁ DE LO QUE VES

La autora...

Antes de empezar con estas leyes tan potentes, debo explicarte en que situación estaba cuando empecé a utilizar lo que explico en la saga de lo que tus ojos no ven, para demostrarte que a mí me ha funcionado todo lo que explico. En mis libros voy contando cosas de mí, experiencias, pero antes de empezar voy a sincerarme. Sé que en más de una ocasión te vas a sentir identificado con algún aspecto de mi vida, o verás cosas parecidas. Pero también verás cómo lo superé y como vivo hoy.

INICIOS DE MIS CREENCIAS Y DE MI VIDA

Vengo de una familia pobre, con pobre no me refiero que vivía debajo de un puente, que iba con ropa vieja y rota, ni que me faltase de comer. Pero éramos pobres, no podíamos irnos de vacaciones, no podíamos permitirnos grandes caprichos, etc. Soy la mayor de cinco hermanos, y con tan solo 16 años de edad, al separarse mis padres, tuve que hacer de madre, en más de una ocasión de mis hermanos pequeños, ya que nos llevamos bastante diferencia de edad. Mi padre desapareció de nuestras vidas, económicamente solo teníamos el resultado del trabajo de mi madre. Se podía decir que la cosa en vez de ir a mejor iba a peor.

Con 11 años nos fuimos a vivir a otro pueblo, y nunca llegué a encajar con la mayoría de compañeros de clase. Me encontré con una familia que pensaba distinto a mí. Siempre me sentí la oveja negra de todos los sitios y situaciones. Por no hablar también, de los conflictos económicos por los que he pasado.

También debo decir que nunca tuve una relación normal de madre a hija, igual que con mis hermanos no me llevaba bien. No los veía como hermanos, más bien los sentía como una carga emocional para mí. No quiero ser dura con estas últimas palabras, pero fue así. No tuve una adolescencia normal, no salía al parque con mis amigos, no tenía la "libertad" de hacer las cosas que podían hacer todos los de mi edad. Con forme fueron pasando los años, la cosa no mejoraba, cada vez estaba más lejos de mi familia, de sus maneras de pensar. Siempre había sido una chica fuerte, pero a la vez muy débil, en más de una ocasión pensé en "quitarme del medio", sentía que mi familia no me quería, sentía que era la oveja negra y que yo no encajaba con nadie. Pero como podéis ver no lo hice, algo siempre me lo impedía.

Nunca entendí el motivo, hasta que descubrí todo este mundo que quiero mostrarte con mis libros. Cuando fui consciente de que ser la oveja negra era lo mejor que me había pasado, me alegré mucho. Tenemos la creencia de que ser la oveja negra es malo, nos aparta de los demás, hay que hacer lo mismo que el entorno...

Ser la oveja negra significa que eres quien marcas la diferencia, que contigo hay un antes y después. Tus hijos no tendrán las mismas creencias ni visiones de la vida que tus sobrinos. Tú eres quien cortas cadenas.

No es nada malo tener diferentes opiniones de la vida o formas de verla, lo difícil es cuando tú eres "un alma libre" y te encuentras dentro de una jaula. Cuando eres una persona con mucha personalidad y quiere aprender de sus propios errores y no de los errores de los demás. El problema viene cuando te das cuenta que tú tienes una forma de pensar, pero una serie de creencias diferentes a ese pensamiento. En ese punto entras en un conflicto interno y no sabes que hacer, te contradices, piensas una cosa y haces otra y viceversa.

No voy a hablar mal ni de mi familia, ni de mi entorno, ya que cada uno actúa de la mejor manera que sabe y debo decir que me siento agradecida, ya que a día de hoy soy quien soy gracias a todo lo que viví. Nunca se puede culpar al entorno, como mucho hacerlo responsable, pero tú también tienes tu parte de responsabilidad. Pero lo más importante es aprender a perdonar. Cuando perdonas en tu interior y te das cuenta que cada uno actúa de la mejor manera que sabe, con cada una de las personas de su entorno, cuando sabes que muchas veces la forma de tratar a los demás viene pautada por las creencias heredadas y por la situación que tienes en ese momento, sabes que mejor no lo pueden hacer y que todos los desafíos pasan por algo.

Tengo que agradecer a esos desafíos y a esas personas que me lo pusieron todo tan difícil, porque si no fuese así no estaría escribiendo el segundo volumen de la saga LO QUE TUS OJOS NO VEN, para ti, querido lector, ni tendría en mis manos el conocimiento que tengo ahora y que te voy a ir revelando durante mis libros, no estaría en el punto en el que estoy. A pesar de educarme y crecer con ellos vibramos de formas distintas y pensamos diferentes, tenemos valores diferentes y hemos tenido experiencias distintas.

INICIANDO MI CAMINO Y MI APRENDIZAJE

Siempre había deseado formar una familia, y empecé temprano, con 18 años estaba embarazada, estaba conviviendo con la pareja que tenía entonces en casa de sus padres. No sé si fue una manera de huir de mi casa, de ser "independiente" o qué.

Como era de esperar no funcionó esa relación. Era tóxica y en mi interior lo sabía. A los 15 días de haber tenido a mi hijo, decidí separarme de su padre, empezaron a pasar cosas que yo no iba a permitir, empezaron a haber faltas de respeto por su parte, empezaba un maltrato. Debo agradecer a todo lo que había vivido anteriormente, eso me hizo tener un carácter fuerte, un carácter que me ayudo a ver lo que pasaba y un carácter que me hizo poner freno a la situación, antes de que no fuese a más.

Os pongo un ejemplo, que parece una tontería, pero no lo es, por ahí empieza todo en este tipo de relaciones. Con esa edad, me gustaba ponerme en verano faldas cortas, y él me conoció de esa manera. Cuando ya convivía con él, en más de una ocasión me decía que no me podía poner esas faldas, que eran muy cortas. Hasta que un día me dijo que esa falda que llevaba puesta me la quitase, que era muy corta y que así no iba a salir a la calle. Con mi carácter me reboté y acabé con una falda más corta que la primera que llevaba. Ahí quedo la cosa, todo eran cosas así que en ese momento no le prestaba importancia. Lo más fuerte vino una vez nació mi hijo. En ese momento las cosas ya no eran habladas o psicológicas. Quizá él se pensó que ya "era de su propiedad" o no sé qué le pudo pasar por la cabeza. Y la verdad que ahora tampoco quiero saberlo. Como ya te he dicho antes, no soporté ni 15 días esa situación, yo sabía que eso no lo quería, y mucho menos que mi hijo se criase en ese ambiente.

VUELTA AL ORIGEN

No tenía a donde ir y la única solución que tenía era volver a casa de mi madre, con 19 años y un hijo, sin trabajo (me quedé embarazada justo al terminar los estudios). Tenía que volver a casa con un hermano preadolescente y tres hermanas pequeñas.

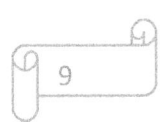

Mi madre me acogió con los brazos abiertos, eso no puedo negarlo, pero volvía a estar en la situación de antes de irme.

En muchas ocasiones intentaba pensar como mi madre, actuar como ella, pero con eso lo único que conseguía era alejarme de mi, de mi esencia y de mi alma.

CUESTA ABAJO Y SIN FRENOS

A la vez fui teniendo muchos desengaños en el amor, sufría en casa, en el amor y no me gustaba nada el trabajo que llegué a conseguir, sí que era bonito en sí, era en una residencia de ancianos, me gustaba ayudar a personas que ya no podían valerse por sí solas, pero estaba rodeada de muerte, cuando menos te lo esperabas morían, y era doloroso, ya que les cogías cariño a los ancianos.

No era feliz, en casa no estaba bien, el trabajo no me gustaba, el amor no era mi punto fuerte. Solo tenía a mi hijo. También debo decir que el padre de mi hijo apenas aparecía, no cumplía no con sus derechos ni obligaciones de padre.

UN NUEVO RESURGIR

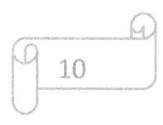

Un día, después de un punto de quiebre en el amor, (es el momento en el que dices se acabó, ya no quiero más esto), después de sufrir como nunca y de decir que ya no quería más esa situación, necesitaba un hombre que me valore (hombre, no un niño. Ya tenía un hijo, no quería dos), que me quiera de verdad, que sea la única mujer que haya en su vida, que me respete y que quiera a mi hijo. Después de ese momento me di un respiro, no quería relaciones, pero sin saberlo puse al Universo a trabajar. Cuando menos me lo esperaba, volvió a aparecer ese chico, un chico que estudiaba en el mismo instituto dónde yo había estado. Solo lo había visto un par de años, ya que él era mayor que yo. También me había encontrado con él en alguna ocasión y habíamos intercambiado alguna palabra, pero nunca habíamos mostrado nada el uno por el otro, nunca nos habíamos fijado de otra manera más que de conocidos.

Apareció el, ese chico que tenía pinta de duro, de serio, de inaccesible. Empezó a despertar curiosidad en mí, pero tampoco pensaba mucho en él, solo cuando me cruzaba con él. La vida, el universo, las circunstancias, el destino o como quieras decirlo, nos unió, hizo que nos encontráramos, que habláramos más de lo normal.

Era un chico que daba la apariencia que te descrito antes porque él también lo había pasado muy mal en el amor, él también había pasado por situaciones muy duras, pero cuando lo conocí, era todo lo que había pedido aquel día que había tocado hondo, en aquel punto de quiebre. Vivimos unos momentos en los que parecía que volvíamos a ser adolescentes, en los que ese amor que sentíamos, hacía que reaccionáramos como dos niños que nunca han estado enamorados antes. Debo decir que a día de hoy sigue siendo ese gran amor, recuerdo aquellos momentos y me sigo sonrojando, a día de hoy es mi marido y padre de mis hijos, ya que se a encargado de mi pequeño como si fuera suyo y ahora tenemos una hija en común.

Una vez lo conocí toda mi vida cambió al instante, incluso él, sin saberlo, me introdujo en el mundo en el que hoy puedo decir que es mi propósito de vida. Me introdujo a la ley de la atracción.

Con los años abrí una tienda de golosinas en el pueblo dónde vivo, y fue una etapa que me ayudó mucho a cerrar heridas del pasado. Como te comenté, nunca tuve una adolescencia normal. Por vibraciones o por circunstancias, empezó a venir un grupo de adolescentes cada día a la tienda, entablamos una relación muy estrecha, al punto que, al día de hoy, ya no tengo el negocio, pero de vez en cuando quedamos a comer, hacemos una barbacoa o cenamos pizzas. Esa juventud me ayudó mucho a cerrar esa etapa adolescente que no había tenido, disfruté de grandes momentos de risas y a la vez les hice de mami, ya que todas las gamberradas que hacían siempre me las contaban. Era curioso, había pasado de estar con personas ancianas a estar con niños y adolescentes.

Con la familia seguía igual o peor, hasta que empecé a cortar cadenas poco a poco. Dejé de tener relación con mis hermanos y mi madre. Eran personas tóxicas, (no malas personas, pero si personas que me dañaban), y a día de hoy tengo un cordial trato con ellos, por mis hijos, mientras se comporten bien con ellos, no tengo porque negarles una familia, unos tíos y una abuela con los que poder disfrutar.

Gracias a montar el negocio, también conocía a amigas especiales, que sin darse cuenta me guiaron y me mostraron cual era mi propósito; ayudar con libros, menotrias y eventos.

Durante muchos años tuve muchos conflictos internos y no sabía a qué se debían. Aún y así fui haciendo mi vida, tenía mis hijos, mi negocio propio a los 23 años, pero cuando pensaba que por fin tenía la vida en orden, con mi negocio, mi pareja, mis hijos y una bonita casa.

Un día comprendí que no quería varios aspectos de mi vida, dije que basta ya y que necesitaba un cambio.

Tenía todo lo que me hacía falta y creía que era feliz, pero un día me di cuenta de que ya no me llenaba como al principio, ir a trabajar a mi negocio, me daba mucha pereza, tener que salir los fines de semana a las cinco de la tarde a trabajar e ir trabajando semana tras semana, de lunes a domingo y esperar a que llegase el día de navidad, que cerraba para tener un día en familia, o las vacaciones de verano…

Si durante los primeros años llevaba bien el ritmo,

¿Qué me pasó?

No sabía que era hasta que un día apareció una chica conocida y me enseñó otro mundo que no había conocido, los libros de crecimiento personal. Esos libros me despertaron algo dentro de mí que cambiaron mi vida y mi percepción de las cosas. Y también comprendí que no amaba mi trabajo, había dejado de apasionarme y por eso era incapaz de dedicarle las horas necesarias incondicionalmente como había hecho hasta el momento. Este trabajo, mi negocio, fue el trampolín o el camino para conseguir encontrar mi propósito.

A raíz de esto también me di cuenta que muchas veces había tenido el conocimiento a mi lado, pero no era consciente de ello. La LEY DE LA ATRACCIÓN la conocí muchos años antes, pero se quedó en un lado de mi mente, ya que sabía lo que era, pero no sabía cómo utilizarla, a pesar de que me pareciera fascinante.

Pasé de endulzar con mi tienda de golosinas a querer endulzar la vida de los demás con conocimientos.

Como ya sabéis en las tiendas de golosinas van muchos adolescentes, éstos me contaban sus cosas e incluso me pedían consejos. Me gustaba mucho ayudarles, sentía que hacía bien ya que muchas veces se metían en líos y no se lo contaban a sus padres, al menos estaba yo para hacerles ver que era lo correcto y lo que no.

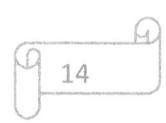

Por otro lado, cuando iba a grandes superficies veía a las personas serias, tristes y sin esperanza, todos cabizbajos y sin una sonrisa en la cara. No entendía porque las personas no podían ver lo maravilloso y bonito que es el mundo. Problemas hay por todos lados y aunque tú no los busques vienen solos.

¿Por qué darles más bombo a ellos y apegarte a esas cosas que tan poco te gustan?

Siempre me he preguntado el porqué de las cosas y por qué nos pasa siempre lo mismo, después de comprender que existe una programación mental y que se puede re-programar tu mente

¿Por qué no poner esta información a pie de calle para que todos podamos vivir vidas plenas y dulces?

Hay unas herramientas para poder transformar tu vida.

Un amigo dijo una vez que todas estas frases como: "todo pasa por algo" era para consolarnos en la vida. Pienso que todo tiene una causa y nada es por casualidad, todo es por CAUSAlidad.

En mi vida me he cruzado con muchas personas y circunstancias, y de cada una de ellas he intentado aprender la lección y sacar provecho de ella, ya que las cosas no pasan por pasar.

Si todos vivimos en el mismo planeta, ciudad o pueblo

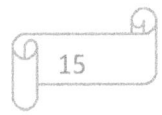

¿Por qué no vivimos lo mismo?

Si también todos en algún momento hemos tenido parejas, amistades... deberíamos de vivir cosas parecidas

¿No?

Todo es según nuestras circunstancias, creencias y lo que nos toca aprender en ese momento de la vida. Cada uno tiene sus necesidades y sus aprendizajes en la vida, y de la misma situación, dos personas pueden sacar aprendizajes distintos.

En este libro explicaré las diferentes causas o pautas para entender o superar diferentes situaciones, y porqué suceden.

También cómo podemos cambiar esos aspectos de nuestra vida que no nos gustan con unas herramientas en las que solo tienes que pensar, a veces es tarea difícil eso de pensar, pero es importante que lo hagamos si queremos conseguir que se cumplan todos nuestros sueños.

Estoy creando una saga de libros que te ayudarán desde el principio del camino hasta llegar al final, hasta llegar a esa vida que quieres y te mereces.

Mis libros te ayudarán a ver lo que sientes por dentro, a entender la programación que tienes y a corregirla (re-programarte). Lograrás coger las riendas de tu vida e ir hacia tus sueños. Quiero que los trabajes, que los estudies.

Cada vez que me leo un libro, los subrayo, los escribo y voy marcando lo que creo que tengo que cambiar o mejorar.

La vida es un aprendizaje, haz bien el tuyo y verás los resultados. Si no crees nada de lo que te digo, compruébalo por ti mismo y verás los resultados.

Tanto en mi caso como en el caso de las personas que han trabajado con estas leyes, el proceso no fue fácil, ni corto. Todo fue a base de aprendizajes, muchas cosas fueron bien, otras no, pero todos hemos aprendido mucho durante el camino que nos hemos trazado.

Debo decir que ahora tengo 30 años, sigo muy enamorada de mi marido, de mis hijos y de mi vida. Por fin puedo decir que soy feliz, que trabajo de lo que más me gusta, digo trabajo por decir algo porque más que un trabajo, para mi es una afición remunerada, también tengo que comer y pagar cosas.

Yo también tuve mi momento para empezar, yo también tuve mis desafíos, mis victorias y mis fracasos, pero al conocer toda esta información que te transmito con mis libros, dejé de ver la vida como batallas que ganar a verla como la oportunidad de vivirla. No importa cuántos fracasos llegue a tener, lo que importa es todo lo que aprenda de ellos. No importa cuántas cosas me pasen, lo que importa es llegar a mi meta, para después ponerme otro objetivo más grande.

Yo empecé solo con el objetivo de ser feliz, durante el camino comprendí que no solo era un estado de ánimo, era un progreso, que la meta no era ser feliz, era sentirme realizada, era tener proyectos, sueños, la felicidad era un más a más que se añadía.

Si quieres ser feliz debes tener una ambición.

Normalmente pensamos que la ambición es mala, y nos equivocamos. Una persona que es ambiciosa, es una persona que se pone metas y una vez cumplidas no se da por satisfecha, busca crecer más como persona, como trabajador/ emprendedor, como padre, madre, amigo… No importa en qué ámbito lo mires. Una persona con ambiciones tiene en cuenta como seguir ayudando a los demás con su producto, servicio, compañía a los demás y a su vez tener más beneficios con lo que realiza.

Por otro lado, está la persona avariciosa, es una persona que todo lo quiere para sí misma, sin preocuparle nada más que su bolsillo, su propio interés y su beneficio.

Esta es la diferencia entre ambicioso y avaricioso. Yo me considero una persona ambiciosa, ya que soy insaciable de progreso, quiero progresar y llegar lo más lejos posible para darte lo mejor de mí y también a mi familia y entorno.

Después de haberos expuesto mi vida, de haber enseñado de dónde provengo y dónde estoy, quiero dar paso al segundo volumen de la saga de lo que tus ojos no ven.

Quiero que de aquí a unos años puedas decir como yo, SOY FELIZ, ME ENCANTA MI VIDA, TENGO AMOR, SALUD Y DINERO. SOY ABUNDANTE EN TODOS LOS ÁMBITOS DE MI VIDA.

Este es mi propósito. Hacerte feliz.

MÁS ALLÁ DE LO QUE VES

MIS CREACIONES

Así que, a partir de ahora, ya sabes que si quieres mejorar en tu vida debes de ser ambicioso y decirlo bien alto, simplemente porque amas el PROGRESO.

PASOS A SEGUIR PARA EL CAMBIO

En la saga de lo que tus ojos no ven puedes encontrar los siguientes libros, cada uno te ayudará en un plano diferente de tu vida, juntos te ayudarán a transmutar.

1-LO QUE TUS OJOS NO VEN

Lo que tus ojos no ven, te explica todas esas cosas que nos pasan, pero nunca sabemos explicar o entender el porqué. Quiero que te centres en todo lo que hay dentro de ti, todo lo que no ves, para que puedas mejorar por dentro, ver las cosas de otra manera y así mejorar la imagen que tienes fuera. Esta lectura hará que mires dentro de ti. Te explico lo que nos pasa y el porqué de esas causas. Empieza el cambio dentro para notarlo fuera. Si no estás bien por dentro, ni tienes bien tus creencias, no puedes arreglar el exterior.

COMO ES DENTRO, ES FUERA

¿De qué sirve trabajar para conseguir tu deseo si no sabes cómo hacerlo?

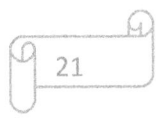

1.2-LIBRO DE EJERCICIOS DE LO QUE TUS OJOS NO VEN

Con la segunda parte de la saga de lo que tus ojos no ven, complementarás la información dada en la primera parte de la saga, con unos ejercicios muy útiles para ir hacia el empoderamiento personal y coger las riendas de tu vida. Estos ejercicios te ayudarán a poder cambiar ese interior que muchas veces está lastimado y dañado, para liberarte. Te encontrarás con ejercicios que te ayudarán a perdonar y sacar esas emociones dañinas, que en realidad son lastres.

EL MIEDO TE FRENA EN EL CAMINO HACIA TUS SUEÑOS

2-MÁS ALLÁ DE LO QUE VES

Con esta tercera parte de la saga quiero enseñarte las leyes del universo para que de una vez por todas consigas tu propósito, seas feliz y estés rodeado de abundancia en todos los aspectos de tu vida. Quiero que te sientas realizado. Sabes ¿Por qué?

Porque mi propósito eres tú. Quiero que seas feliz y superes tus trabas. **COMO ES ARRIBA, ES ABAJO.**

SI ENTRA EN TU MENTE, ENTRA EN TU MUNDO.

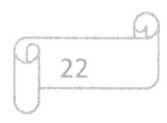

MÁS ALLÁ DE LO QUE VES

MÁS ALLÁ DE LO QUE VES

Antes de empezar, quiero que sepas que después de leer este libro te va a cambiar la vida.

Cuando escribí LO QUE TUS OJOS NO VEN, lo hice convencida que después de leerlo ibas a estar un paso más cerca de una vida plena y sin lastres, ibas a saber perdonar y sobre todo a amar, ibas a hacer todo de corazón, ya sabes que el corazón es el órgano del cuerpo con mayor impulso eléctrico, y si todo es energía y ésta vibra de una manera, si todo lo haces con amor todo lo que atraes vibrará a la frecuencia del amor, lo mismo pasa si lo haces con rencor, todo lo que atraes es rencor...

Ahora, con este segundo tomo de la saga, quiero que sepas cómo funcionan las leyes del Universo. Después de enseñarte y tú de trabajar todo lo que viene en las siguientes páginas, comprenderás cómo funcionan las leyes del Universo, enseñadas desde hace siglos, que nunca nos han enseñado, y que solo unos pocos eran conscientes de ellas. Así que, si ya has sanado tu interior, tus creencias son potenciadoras y ahora aprendes las leyes del universo, serás capaz de crear bendiciones en tu vida, de crear todo lo que te propongas. Ponte manos a la obra, vamos a crear un mundo nuevo para ti, un mundo en el que encuentres todo lo que deseas.

Quiero que seas feliz querido lector. Quiero que tengas una vida plena.

Estamos en una época de cambios. Los Mayas dijeron que en 2012 se acabaría el mundo, y mucha gente estaba preocupada por si era verdad, otros pensaban que eran tonterías y así muchas opiniones distintas.

Es cierto que el mundo no se ha acabado, estás leyendo este libro y antes lo he estado escribiendo. Lo que sí que había de cierto en la profecía era que iba a haber un final. Este final tiene que ver con el cambio de consciencia de las personas, lo espiritual y la ciencia se unen, todos creemos cada vez más que hay un Universo que nos cuida, un Dios, una energía o como tú lo llames, (realmente es lo mismo llamado de muchas maneras, a final de cuentas todos creemos en el mismo TODO). Ahora estamos en la era del cambio de consciencia.

Estoy entusiasmada por contarte todo lo que viene a continuación. Vas a empezar a comprender muchas cosas, vas a poder trabajar bien las leyes para poder llegar a tu sueño.

Vamos allá...

Antes quiero recordarte que, si tienes cualquier duda, puedes escribirme en sorayareyesperez@gmail.com

Estaré encantada de poder explicarte cualquier duda o pregunta que tengas. Vamos a adentrarnos en unas leyes sencillas pero complejas.

TE PROPONGO UN RETO

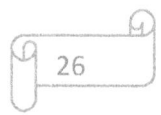

Antes de empezar a leer MÁS ALLÁ DE LO QUE VES, debes de tener claro que es un libro para trabajar, sin

acción no hay resultados. Si no te pones a construir la casa, no puedes tenerla. Pues con este libro y estos principios pasa igual.

1º Como irás descubriendo conforme vayas leyendo este libro, sabrás que el Universo construye para ti. Lo primero que harás una vez te despiertes será dar las gracias al Universo por todo lo que tienes, aire para respirar, un nuevo día por delante…Hay que ser agradecido por todo lo que se tiene, el agradecimiento es una energía muy fuerte.

2º Una vez hayas agradecido, dirás que te mande esa señal que esperas, esa señal que te guie hacia aquello que has construido. Mientras dormimos, nuestro subconsciente trabaja, con esto quiero decir que mientras dormimos creamos, por eso es tan importante antes de irse a dormir leer un rato este libro y hacer las meditaciones que tengo en mi canal de youtube. Debes de conectar con la fuente creadora y crear antes de dormir. Cuando nos ponemos a dormir, es cuando entramos en estado alpha, es cuando "oramos" y ponemos a trabajar al Universo a nuestro favor, o no. Si estando en ese estado alpha, piensas en lo que quieres construir, si piensas en lo que **no** quieres en tu vida, también atraerás más de ello. Es lo que crearás para el día de mañana.

Crea todo aquello que quieras construir, como ya te dije en lo que tus ojos no ven, eres el máximo creador de tu vida, eres la persona más importante de ella, eres imprescindible en tu vida.

3º Sígueme en mi página de facebook, iré compartiendo frases inspiradoras, videos... Desde mi página también te puedes poner en contacto conmigo para cualquier duda que tengas, y así solucionártela.

4º Suscríbete en mi canal y utiliza las meditaciones y videos que voy subiendo, de nada sirve que solo leas, escuches videos o medites. Hay que hacerlo todo, hay que tomar acción, hay que meditar, leer, escuchar videos, hay que salir a la calle y no parar hasta que lo consigas.

5º Lee este libro y haz los ejercicios una vez al mes durante un año, ¡si, durante doce meses! Tienes que trabajar cada mes para que tu metne se re-acondicione.

Nuestra vida no es una guerra que ganar, nuestra vida es para vivir, disfrutar y ser felices con el progreso. Así que deja a un lado tu espada, tu escudo y sal a vivir, y sobre todo a TRIUNFAR.

Queridísimo lector,

Antes de empezar con este maravilloso mundo quiero que ayudes a ayudar, hay que inspirar a millones de personas a dar este cambio, hay que dejar un mundo mejor a los que vienen detrás nuestro, hay que cambiar las cosas.

Hazte una foto con el libro, y compártela en redes sociales con los siguientes hashtags: #soyimplacable #masalladeloqueves #sorayareyes #sagaloquetusojosnoven,

MÁS ALLÁ DE LO QUE VES

PRIMERA PARTE DEL PROCESO DE CREACIÓN

ADQUIRIR EL CONOCIMIENTO

"Si compartes tu pan, te gustará más. Si compartes tu felicidad entonces aumentará."

PHIL BOSMANS

Vamos a empezar, pero antes quiero que tengas tu momento.

Lee en voz alta el decreto de los visionarios y triunfadores.

> SOY TRIUNFADOR/A, TODO LO QUE ME PROPONGO LO CONSIGO, POR MUCHAS PIEDRAS QUE HAYA EN MI CAMINO CONSIGO ESQUIVARLAS Y APRENDER DE ELLAS.
>
> MIRO ATRÁS PARA COGER IMPULSO SIN IMPORTAR LO QUE Viví, CENTRÁNDOME EN LO QUE QUIERO VIVIR.
>
> AHORA SE TODO LO QUE MIS OJOS NO VEÍAN, VEO MÁS ALLÁ DE LO QUE VEN Y HAGO REALIDAD TODOS MIS SUEÑOS.
>
> ME EMPODERO DÍA A DÍA Y CONSIGO SER UN /UNA
>
> ¡¡TRIUNFADOR/A!!

MÁS ALLÁ DE LO QUE VES

EL INICIO

Como he comentado anteriormente, estamos en una época de cambios. Pasamos de ser personas que lo único que vemos, lo palpable, lo que tiene forma y se puede tocar, al cambio de creer para después ver, de confiar en lo que nuestros ojos no ven para así crear todo lo que deseamos. Cambiamos de la era "TANGIBLE" a la era "INCORPÓREO", místico, divino...

Ésta última es algo que siempre ha estado presente en nuestras vidas, pero como estábamos en la era tangible, si no lo veíamos, pues no lo creíamos.

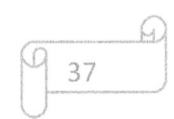

En este cambio de era o etapa, creemos en lo que no vemos, sabemos que está, creemos en ello, ponemos nuestra fe y somos capaces de materializar todo lo que nos propongamos.

No, esto no es un libro de magia, como ya te he dicho, el universo se rige por una serie de leyes (espiritual), que junto con la física cuántica (ciencia). Podemos ser, hacer o tener todo lo que queramos, solo hay que saber cómo enfocar las cosas, y saber el progreso de la manifestación, cómo se crea y como pasar ese sueño de tu mente a tu vida real, que se vea en el reflejo.

Necesitamos nuevas maneras de pensar, nuevas vidas y puntos de vista distintos a los que hemos tenido hasta ahora. Tenemos que abrir la mente y escuchar a nuestra alma, ella sabe estos principios, pero no los escuchamos, ya que hacen más ruido nuestros pensamientos y la sociedad.

Iré nombrando a Jesús, al igual que iré nombrando a otros grandes profetas, no como religión, no como iglesia, sino como grandes profetas que fueron, como líderes. En la iglesia, todo se mal interpretó, quisieron someter con información valiosa a las personas, cuando te hacen creer que hay un Dios castigador juegan con tu miedo y te manipulan, cuando te cuentan la historia de otra manera a la que fue la original. Cuando tienes una información tan valiosa se puede utilizar para ayudar o para manipular. El saber es poder, y el poder, en este caso, se utilizó para la sumisión de las personas, para poder controlarlas por el miedo. Sabemos que hay dos fuerzas creadoras: EL AMOR Y EL MIEDO. Con el amor eres capaz de crearlo todo, en cambio, cuando tienes miedo, frenas el proceso creador y atraes más de lo que no quieres y de lo que te da miedo.

En la iglesia, cuando cambiaron Amen por Amén perdió todo el sentido, la cuestión es AMAR. El amor es el sentimiento que mueve el mundo, con amor puedes ir a cualquier lado, cuando amas y también perdonas, te quitas todos los lastres que arrastras, te liberas. No hay realmente un Dios o un Universo castigador, todos somos Dios, todos somos esa energía, todos pertenecemos al Universo. Ese Universo, ese Dios, está para protegernos y enseñarnos, formamos parte de él, somos como sus hijos, quiere lo mejor para nosotros. ¿Tú harías daño a tu hijo?, ¿Le desearías que todo le saliese mal? Igual piensa ese Padre que tenemos. Nos deja aprender con nuestros errores, nos deja al libre albedrío bajo su protección. El no castiga, somos nosotros mismos quienes nos castigamos. Reflexiona con esto, puedes sacar muchas conclusiones.

Vamos a aprender unas leyes, que no son nuevas, son unas leyes que se han hablado desde hace muchos siglos atrás.

Han estado ocultas para casi toda la humanidad, por dos razones. La primera porque el saber es poder, con el poder siempre tienes dos opciones, hacer el bien o hacer el mal. **El bien es lo normal, el mal lo elijes tú**, Tampoco querían que se divulgaran, era de máximo secreto. La segunda es porque según con los ojos que mires no las sabrás comprender, solo las tenían públicas para aquellos pocos que estaban a punto de comprender estas leyes. Así que si no comprendes lo que viene a continuación te aconsejo que abras un poco más la mente y no te dejes influir por todo lo que sabías hasta ahora. En el colegio te enseñaron que la ciencia era espacio tiempo, al aparecer la física cuántica todo eso cambió al igual que es difícil de entender ya que si seguimos con los conceptos de espacio tiempo no hay por dónde coger esta segunda ciencia. Solo por eso te digo que abras un poquito más la mente y que te olvides de todo lo aprendido, ya verás cómo después lo entiendes todo. Tienes que abrir la mente para que seas capaz de ver otras cosas y no juzgarlas por lo que sabes ahora. Si estás leyendo este libro es porque ha llegado el momento en el que tienes que cambiar ciertas cosas de ti y de tu vida, ha llegado el momento de prepararte para la siguiente etapa del ciclo de tu vida, para que crezcas como persona.

MUCHOS ERAN LOS LLAMADOS Y POCOS LO ELEGIDOS.

Sé que una vez leas todas estas leyes y te des cuenta que es más fácil tratar con el Universo de lo que pensabas, que es muy sencillo manifestar todo aquello que deseas, irás corriendo a contárselo a tu entorno.

En LO QUE TUS OJOS NO VEN, ya te he hablado del entorno y de las creencias. No todo el mundo está en la misma sintonía ni vibración que este libro y su información, no todo el mundo es capaz de entender lo que pone en estas páginas. No pierdas energía tratando de convencer a los demás, no todo el mundo está en el momento de aprender todo lo que hay en la saga lo que tus ojos no ven, guarda esa energía e inviértela para ti y tu camino.

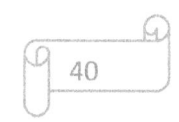

Después de leer lo que tus ojos no ven, ya has salido del rol de víctima y ya sabes que eres creador de tus circunstancias, ya estás preparado para saber las siguientes leyes.

NO LE TIRES PERLAS A LOS CERDOS, ESTOS TE LAS PISOTEARÁN

Este libro ha llegado a tus manos, no por casualidad sino por CAUSAlidad.

Cuando estás en el punto de crecimiento personal adecuado, es en ese momento cuando eres capaz de entender todo lo que estudiarás en este libro.

Cuando el oído es capaz de oír, entonces vienen los labios que han de llenarlos con sabiduría.

No todo el mundo está preparado para saber todo lo que nuestros antepasados sabían, hay personas que no están preparadas, todavía no ha llegado el momento de ellos, necesitan recorrer más camino. Con este libro te volverás un experto en la Alquimia hermética, aprenderás esas 7 leyes y serás capaz de controlarlas mentalmente. También serás capaz de transmutar mentalmente de una determinada y baja vibración a otras más elevadas.

Estoy impaciente de mostrarte todos mis conocimientos, esos conocimientos que a mí también me cambiaron la vida.

Vamos allá...

PRINCIPIO DEL MENTALISMO

Este es el principio más importante de todos, el resto de principios se mueven a raíz del MENTALISMO. Éste no sería nada sin el resto de leyes, al igual que el resto de leyes no tendrían sentido sin el mentalismo. Este principio engloba a todos los demás.

Éste nos dice que todo es mente, que nosotros atraemos lo que pensamos y todo lo podemos modificar con la mente. Si quieres crear algo puedes crearlo con tu mente, ésta es la idea de este principio. Ya te irás dando cuenta, hablo mucho de ciencia y espiritualidad. Ya que los dos explican lo mismo, pero con distintas palabras.

Como te he dicho antes, estamos cambiando la era TANGIBLE por INCORPÓREO.

Todo lo que no te creas en modo espiritual, la ciencia o física cuántica, de una manera u otra te demostrará que es cierto. Así que todo lo que te explico, si no te lo crees compruébalo. Si a mí me ha funcionado,

¿Por qué a ti no?

SI NO ENTRA EN TU MENTE, NO ENTRA EN TU MUNDO.

Sigamos...

Las ideas se convierten en cosas, cada cosa que piensas se puede manifestar, no por arte de magia, pero si sabes utilizar estas leyes serás capaz de escribir tu destino.

Con el primer principio, **el mentalismo**, puedes hacer que las cosas no pasen por casualidad, sino por **CAUSA**lidad. Que tú seas el causante de todo aquello bueno que te pase en tu vida, pero también recuerda que fuiste el causante de lo malo que te pasó.

<u>Cuando decimos transmutar, hablamos de cambiar de naturaleza algo, de un estado no deseado a un estado deseado.</u>

En este libro nos centraremos en la descripción de la transmutación que te he dado arriba, ya que también se

podría cambiar de un estado deseado a un estado no deseado, pero ese no es nuestro plan, y en nuestra mente solo cabe el hecho de que todo siempre va a mejor, si retrocedemos solo es para coger impulso e ir aún más arriba. No importa lo que desees, si trabajas en dirección contraria nunca llegarás.

Para poder crear el estado deseado, hay que estar bien por dentro, no hay que estar en ese rol de victimismo, no hay que pensar que todo te pasa a ti, que el Universo entero conspira en contra tuyo. El Universo siempre lo hace a tu favor, a favor de todos. Cuando te importa alguien, sea tu padre, tu madre, tus hijos, tu pareja, tu amigo, sea quien sea, lo que haces (siempre y cuando no estés en el rol de víctima o de verdugo), es ir a su favor ¿Verdad?, pues el Universo hace lo mismo, él no castiga, él no es malo, él no es victimista. Te quiere mucho y quiere tu bien.

¿Cuántas veces se te ha puesto en medio la misma piedra para que tropezaras más veces hasta que aprendieras la lección?

Él quiere que aprendas con tus errores, él quiere que crezcas por ti mismo, quiere que te hagas fuerte, quiere que seas feliz, igual que tú quieres eso para tus hijos o entorno.

Pero recuerda la ley de la atracción que más adelante te la explicaré, lo que piensas lo atraes.

Antes de explicarte los tres puntos en los que no debemos estar quiero recordarte cómo funciona nuestra mente.

EL QUE CREE, CREA

Desde que nacemos hasta los siete años de edad, es cuando más absorbemos las creencias de nuestros padres y el resto del entorno.

Las creencias, conjunto de ideas, pensamientos y normas de comportamiento que se asume como verdadero inculcado por los padres y entorno de un niño, el cual las ha aprendido por repetición o alto impacto emocional. Éstas afectan a la percepción que tenemos de nosotros mismos y del mundo que nos rodea.

Hay dos tipos de creencias, por un lado, encontramos las creencias limitantes y por el otro las creencias potenciadoras. Debes de cambiar las primeras por las segundas para conseguir tu estado deseado.

Cuando tienes una creencia bien arraigada, estas convencido de ello. Esa creencia es una convicción, y no necesitas saber nada más, porque es algo que, para ti no hay nada que debatir. Si tocas el fuego te quemas, si te metes en la piscina te mojas o si te das un golpe duele. Con esa convicción no hay nada que hacer, pero sí que podemos aprovechar la fuerza de una convicción a nuestro favor.

Si ya sabemos que una convicción es algo inamovible, hagamos que nuestros sueños sean convicciones, hagamos que no haya nada que demuestre lo contrario, cuando nieva hace frio, y no se puede cambiar, pues si tu sueño es ser un gran cantante reconocido por las masas, sabes que va a ser así, que no hay otra, no hay más opción que ser un gran cantante reconocido por las masas. No se puede discutir ni debatir como cualquier otra creencia, porque es la única opción que te das. O eres un gran cantante o no hay nada más. Siéntete seguro de tu sueño, no pongas más opciones en tu vida. Si es eso lo que tu cuerpo, alma y mente desean, no hay nada más que hacer, no te des más opciones que en realidad te van a hacer infelices.

Cuando tienes un alto impacto emocional formas una conexión neuronal y si lo repites con asiduidad, esa conexión se va haciendo cada vez más y más fuerte. Ahora ante determinado estímulo ya no hace falta que te esfuerces. Tu cuerpo reacciona automáticamente.

LAIN

Aunque al principio tu subconsciente te ponga escusas, ves diciéndote una y otra vez que eres un gran cantante de éxito mundial, no importa lo que te vaya contestando una y otra vez tu mente subconsciente o tu miedo, tú estás tan seguro de que ya eres un gran cantante que es que no vas a tener más opción. Y a su vez vas a ver como poco a poco va cambiando tu SAR, como va encontrando oportunidades que antes no veía para llegar a cumplir tu sueño, verás como ves cosas que antes no estaban. **Durante el día, el 90% de los** pensamientos y cosas que hacemos son automáticas, las "ordenes" vienen del subconsciente, solo un 10% de lo que hacemos es conscientemente. Así que modifica todo lo que hace que el 90% de las cosas que haces durante el día sean cosas de provecho, cosas que te lleven a tu sueño.

Continuamos con las creencias, vamos a empezar por la limitante.

¿CÓMO SE CAMBIA UNA CREENCIA?

Te pongo un ejemplo y más adelante unos ejercicios para que practiques el cambio de creencias.

Ejemplo:

Imagínate que tienes como creencia que debes trabajar mucho para ganar poco dinero y los que ganan mucho dinero están metidos en negocios "turbios".

Con esta creencia ten claro que lo que vas a encontrar son trabajos esclavos por los que deberás trabajar mucho por un sueldo muy bajo y siempre encontrarás ejemplos de personas ricas con negocios extraños o con fraudes fiscales. Estos ejemplos serán porque han entrado por tu SAR, simplemente porque es tu creencia, y este es el filtro que utiliza para que te des cuenta de tu realidad. No podrás ver más allá de lo que crees.

Cuando tienes como creencia potenciadora, que tienes un buen trabajo, que te gusta, que das lo mejor de ti, el sueldo corresponde al trabajo realizado y que los trabajos están bien remunerados. En esta situación te sientes bien, te sientes realizado y si dejas de trabajar por cualquier razón, encontrarás otro trabajo similar con las mismas condiciones.

Esta explicación es para que comprendas el siguiente esquema.

> creencias-pensamientos-emociones-acciones = RESULTADO

En el primer ejemplo (creencias limitantes) esa creencia te hace tener un pensamiento de escasez, y de saber que no podrás tener dinero ya que para conseguirlo tienes que meterte en negocios ilegales y eso no te gusta. Ese pensamiento te hace tener una emoción y es de mal estar, así que siempre que encuentres algún trabajo que te haga ganar más dinero de lo que tú estás acostumbrado, sentirás que algo oscuro y turbio hay detrás, entonces eso te hará actuar y obtendrás como resultado el mismo trabajo de siempre para el mismo poco dinero al que ya estás acostumbrado, pero no quieres.

En el segundo ejemplo nos encontramos con una creencia potenciadora, la cual te dice que eres feliz ya que te gusta tu trabajo, y cobras bien ya que tus aportaciones y el valor que tú tienes para la empresa se ve reflejado en el sueldo.

Así que tu creencia se ve reforzada por tu situación y tus pensamientos son positivos con este aspecto de tu vida. Las emociones son muy buenas y si te quedases sin este puesto de trabajo, tienes claro que como resultado recibirías un trabajo con condiciones similares al anterior.

Recuerda que todo es mente y todo lo que crees, piensas, sientes y haces lo atraes como resultado. Todo se manifiesta. Si tu programación es negativa, siempre vas a pensar en esa vibración y ya sabes que es lo que atraerás ¿Verdad?

En cambio, si eres capaz de cambiar, de re- polarizar ese pensamiento, después de mucha práctica ya sabes que es lo que atraerás.

¡EXACTO!

¡Todo aquello que te propongas!

Para cambiar una creencia, debes de trabajar la repetición, y si mientras trabajas la repetición puedes unir el gran impacto emocional será mucho más eficiente. Por ejemplo, puedes trabajar la repetición de las creencias que quieres adquirir en la ducha bajo el agua fría.

Antes de continuar con el siguiente ejercicio quiero explicarte cada palabra que sale en el cuadro anterior, el conocimiento es poder, y aunque sepas que es cada palabra quiero profundizar más esos conocimientos que tienes.

> creencias-pensamientos-emociones-acciones=
> RESULTADO

Las creencias ya te lo he explicado unas páginas atrás, así que te voy a hacer un leve resumen.

Una creencia es un conjunto de ideas, pensamientos y normas de comportamiento que se asume como verdadero. Todo esto es inculcado por los padres y entorno (profesores, amigos...) de un niño, el cual las ha aprendido por repetición o alto impacto emocional. Estas pueden afectar a la percepción que tenemos de nosotros mismos y del mundo que nos rodea. Como ya sabes, cuando más absorbemos estas creencias es hasta los siete años de edad. Aun y así se siguen adquiriendo nuevas creencias conforme vas creciendo y vas afrontándote a nuevas circunstancias en la vida.

Los pensamientos son ideas de la realidad de tu mente (creencias), relacionadas unas con otras. Pueden ser ideas sobre una nueva situación, ideas sobre algo que estás viviendo...

Las emociones, considero que es uno de los factores más importantes de este cuadro junto con las creencias. Las creencias te hacen tener una serie de pensamientos que a su vez este conjunto hace tener emociones. Creo que la mayoría de las personas nos movemos por las emociones y estas nos dominan. Si eres capaz de dominar tus emociones eres capaz de dominar gran parte de tu vida.

Se puede decir que una emoción es la reacción mental y física a ciertos estímulos externos (cambios en nuestro entorno) e internos (cambios en nosotros mismos). Según las emociones que tengamos, se crean nuevos circuitos neuronales con el recuerdo de la situación del momento, por eso hay situaciones que recordamos más que otras, y cuando estas se recuerdan te gusta compartirlas con los demás porque son agradables o las rechazas en la mente porque te causan dolor. Las emociones alteran la atención y como resultado se obtiene un sentí-miento. Los sentimientos se pueden explicar con palabra y estos nos pueden ayudar a saber si esa situación o persona nos gusta, conviene y atrae o por el contrario nos aleja totalmente de ella. Resumiendo, una emoción es un patrón de pensamiento con una energía, que ésta hace que reacciones de una manera y otra ante cualquier estímulo. No dejes que una emoción defina lo que tú eres.

Acciones es todo aquello que haces ante una situación después de que tus creencias pensamientos y emociones te guíen ante ese estimulo. Si vas por la calle y te encuentras un gato tienes dos maneras de actuar frente a ese estimulo. Si te gustan los gatos y has tenido buena experiencia con ellos te acercarás a tocarlo, en cambio si has tenido mala experiencia con ellos pasaras por su lado observándolo en cada momento para controlar lo que hace y que no se te acerque, vaya a ser que se repita la misma situación que te hizo tener aquella mala experiencia.

Aplicando todo lo anterior, obtienes como resultado la unión de pensamientos emociones y acciones. Si el resultado no te gusta solo debes de ir al inicio y cambiar aquello que notas que falla. Ves a tus creencias y modifícalas. Al principio parece una tarea complicada, puedes pensar que el re-polarizar las creencias es algo eterno, pero te puedo asegurar que con la practica acaba siendo algo automático. En la segunda parte de este libro te daré métodos para trabajar bien este tema. Habrá momentos en los que no te darás cuenta, pero estarás trabajando esas creencias junto a las emociones trabajarás tu inteligencia emocional sin darte cuenta de que lo estás haciendo.

Ahora sí, te dejo practicar con las creencias.

Escribe una creencia limitante.

_____
_____
_____
_____
_____
_____
_____
_____

Con esta creencia, haz el proceso del resultado igual que yo he hecho en los ejemplos anteriores. (Esa creencia te lleva a unos pensamientos que te hacen sentir cierta emoción, la cual te hace hacer X acción y obtienes unos resultados).

_____
_____
_____
_____
_____
_____
_____
_____
_____
_____
_____
_____
_____

Ahora re-polariza esa creencia negativa en positiva.

_____
_____
_____
_____
_____
_____
_____

Vuelve a hacer el proceso de las creencias con la nueva creencia potenciadora.

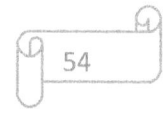

_____
_____
_____
_____
_____
_____
_____
_____
_____
_____
_____
_____
_____
_____
_____

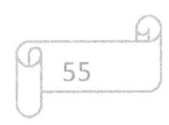

Una vez echo los ejercicios, ya sabes por qué creencias empezar. Ya te he dicho que las creencias se forman por repetición al ver a nuestros padres y entorno, desde que éramos pequeños, hacer, actuar o pensar de una manera determinada. También sabemos que se graban a fuego en el subconsciente con alto impacto emocional y con repetición. Así que lo siguiente que vas a hacer es coger las nuevas creencias, las re-polarizadas y las repetirás durante el día. Por la mañana, cuando te despiertes, a media mañana, al medio día, a media tarde y por la noche. Y a su vez, cuando te duches, también las repetirás con agua fría. Que mayor impacto emocional para tu cuerpo que el agua fría. Si tienes otra sugerencia que no sea una ducha de agua fría, y que también de un impacto emocional, también puedes hacerlo. Lo que se trata es de ir dándole caña al subconsciente, para que después de tantos años con una creencia destructora en tu mente, la cambie por una potenciadora. Yo también lo hacía metiendo los pies en un recipiente con agua fría y hielo. Te aseguro que funciona. Repite este ejercicio durante 12 meses, cada día. Tienes que recuperar el tiempo perdido con la vieja creencia, si tienes 20 años, llevas 20 años con la antigua, si tienes 40 años, llevas 40 años con la antigua creencia, así que ¡debes de recuperar esos años!

Por otro lado, también quiero que tomes consciencia de todo lo que se dice durante el día cuando tienes una conversación con otra persona. Muchas veces mantenemos conversaciones, y sin darnos cuenta decimos, es que las cosas están mal, la economía no va bien, no ayudan con nada, el amor es un asco, es insostenible esta situación... Y así miles de cosas salen por nuestra boca o entran a nuestros oídos. Lo que de la boca sale, del corazón procede. Eso quiere decir que es el tipo de creencia que tiene esa persona, que está en uno de los roles que más adelante te explico. Cambia esa forma de hablar, ese tipo de conversaciones y esa manera de pensar. No importa el gobierno, el país, la crisis, todo se basa en las creencias que tienes. Los millonarios siempre dicen que **LAS CRISIS SON OPORTUNIDADES PARA HACER CRECER SU FORTUNA.** Tienen otra creencia muy distinta a ti y parece que les va bien la cosa en el ámbito económico ¿no? No tienen nada que ver el entorno ni las circunstancias de tu país. Tienen que ver tus creencias y las circunstancias que tu creas.

Sigamos...

¿QUÉ ROLES PODEMOS ADQUIRIR?

A continuación, te voy a explicar los tres puntos o posiciones en los que no debemos estar, ya que estos también pertenecen a personas tóxicas, tal y como te expliqué en LO QUE TUS OJOS NO VEN.

3 ROLES:

Víctima: No debes de ser víctima de tus circunstancias, no debes de pensar que todo o todos van en contra tuyo, no te olvides de **que tú eres el creador de tus circunstancias**, no olvides que lo que piensas se manifiesta. Si vas todo el día con pena ¿Sabes que recibirás? Claro, recibirás más pena. Al ser víctima, culpas a los demás por tu destino y que el mundo te debe algo, y cada vez trabaja más con la ley de la resistencia, si te concentras en algo lo atraes, cuando te desapegas fluye, ya sea bueno o malo.

Verdugo: No debes ir "cortando cabezas" a los demás, no debes de ir haciendo daño a nadie, tu libertad termina dónde empieza la del otro, **deja de juzgar y dañar a los demás con esos juicios**. Si ves que la otra persona se equivoca, déjala, debe aprender. Pero ¿Y si no se equivoca? Cada uno tiene que andar su camino, no se lo pongas a los demás más difícil de lo que a veces parece que es. Si alguien sale disfrazado a la calle, a ti que te importa, tienes que fijarte en ti.

Sanador: No vayas de sanador por la vida. Con esto no quiero decir que el Reiki (Energía Universal) sea malo, que no ayudes a sanar, que no seas médico o enfermera, con esto quiero decir que no vayas malgastando tu energía, intentando ser tu quien arregle las cosas de los demás, si hay dos personas disgustadas, no debes intentar sanar esa relación, ya lo harán ellos cuando les toque, cuando quieran, estén preparados o quizá nunca lo hagan. Céntrate en ti, tu energía es tuya, y no la malgastes con los demás.

Una vez leí una historia de un maestro y un aprendiz. Éste último le preguntaba al maestro por las envidias de las otras personas, si esos sentimientos negativos ajenos podían afectarnos cuando iban dirigidos hacia nosotros.

El maestro le contestó:

-Si alguien se acerca a ti con un regalo, y tú no lo aceptas, ¿a quién pertenece el regalo?

-A quien intentó entregarlo- respondió el aprendiz. Si no lo acepto, se lo tiene que quedar.

-Pues lo mismo vale para la envidia, la rabia y los insultos. Cuando no son aceptados, continúan perteneciendo a quien los cargaba consigo. Les pertenece a ellos, siempre que no aprendan a transmutar ese sentimiento, ya que por mucho que lo "regalen" a los demás, siempre van a seguir generando más rabia, envidia, resentimiento... Y lo más triste de todo es que nunca llegarán a ser felices, no serán capaces de poder encontrar la felicidad, ya que esos sentimientos son dañinos y lo único que hacen es estancarte.

No importa el tipo de persona tóxica que puedas tener a tu alrededor, de la misma manera que no debe importarte lo que opinen los demás de ti. Todo aquello que tú no quieras aceptar, no te pertenece, es de la otra persona. No debes de cargar con las emociones de los demás, con sus sentimientos ni con sus frustraciones.

Igual sucede con lo bueno, sino lo aceptas lo pierdes.

Volviendo a la ley del mentalismo…

Este maravilloso e importante principio, usado y divulgado por Hermes Trimegisto, te deja ver que todos estamos unidos. Normalmente siempre nos vemos separados al resto de personas, a tu vecino, compañeros de trabajo o simplemente a todo el mundo, pero la realidad es que todos pertenecemos al mismo TODO, estamos unidos unos a otros, solo tenemos separación física, ya que no estamos unidos por el mismo cuerpo, pero en cambio, todos pertenecemos a la misma fuente, nuestro inicio y fin es la unión a ese todo, a esa fuente, a ese DIOS, al Universo.

Anterior mente hablábamos de la transmutación, y con toda la explicación ya sabemos que **la transmutación mental es el arte de cambiar o transformar las condiciones del Universo, ya pueden ser; la materia, la energía o la mente.**

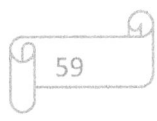

No importa en qué ámbito hablemos, siempre se puede transmutar todo, no olvidemos que somos energía. Cuando tienes una relación, sea de amistad o de pareja, con los años se va transformando, va transmutando. No es igual al inicio que pasado unos años de ésta, puede degradarse la relación pero también puede ser mucho más buena. Piensa en tu pareja si es que la tienes o en una anterior. Al principio, mientras conocías a esa persona, estabas en un estado, conforme iban pasando los meses, esa relación iba transmutando, ¿Por qué? porque poco a poco ibais conociendo más el uno al otro, la relación iba a mejor o peor, pero ibais creciendo juntos con esa unión. Cambiabas al lado de esa persona, incluso si ahora ya no estas con ella, ya no eres la misma persona que eras antes de conocerla. Has transmutado a su lado y por muy malas experiencias que hayas pasado a su lado, has crecido como persona, has evolucionado, ahora sabes que es lo que quieres en tu nueva pareja, ahora sabes que primero debes quererte a ti...

El siguiente texto es un fragmento extraído del Kybalión, vamos a leerlo y explicarlo mejor para poder entenderlo.

"SI TODO ES MENTAL, ENTONCES LA POSESIÓN DEL MEDIO QUE PERMITA TRANSMUTAR LAS CONDICIONES MENTALES DEBE HACER DEL MAESTRO, EL DIRIGENTE Y CONTROLADOR DE LAS CONDICIONES MATERIALES, ASÍ COMO DE LAS OPERACIONES LLAMADAS MENTALES."

Una vez ya controlas estas leyes, el mentalismo dice que, si todo es mental, todo se puede modificar desde nuestra mente, ya sea con pensamientos y/o acciones. Una vez controlada esta ley, eres un maestro, eres capaz de transmutar todo aquello que no deseas. Eres capaz de cambiar todo aquello que te lastima o que no te gusta por algo que deseas o te hace sentir mejor, puedes pasar de la infelicidad a la felicidad, del rencor al perdón…

Entonces una vez entiendas y controles el mentalismo y la transmutación, siendo maestro, esa transmutación, ese cambio y el saber cómo hacerlo, esos 3 factores hacen del maestro un dirigente y un controlador de todo lo material, de atraer todo lo que desees. Puedes ser capaz de materializar o atraer a tu vida todo lo que quieres igual que explica la ley de la atracción.

Con todo esto debo decir que también debes tomar acción, debes saber atraer mentalmente lo que deseas, poner acción, entender y saber utilizar las leyes que te iré exponiendo y explicando durante las siguientes páginas.

Con poner acción quiero decir que, si quieres conseguir algo, un trabajo, por ejemplo, no solo te quedes visualizando el trabajo desde casa, también tienes que levantarte temprano, hacer currículos y salir a repartirlos por todas las empresas que sepas, conozcas y desconozcas, seguir formándote en el campo que deseas trabajar… En resumen, tener una acción masiva hacia aquello que deseas tener, ser o conseguir para así llegar a ese punto. No esperar que las cosas "caigan del cielo".

No olvides que este es el principio más importante, es la base de todas las leyes herméticas.

EL UNIVERSO ES UNA CREACIÓN MENTAL SOSTENIDA EN LA MENTE DEL TODO.

EL KYBALIÓN

Formamos parte de un pensamiento.

Una vez explicado todo esto, debemos de saber que todo lo que nos rodea no es real, simplemente e únicamente una interpretación de nuestra mente. Por esta razón cada uno ve las cosas de otra manera, hay personas que ven problemas donde no los hay y hay otros que ven oportunidades donde no todo el mundo las ve.

Como ya expliqué en LO QUE TUS OJOS NO VEN, tenemos el SAR (sistema de articulación reticular). Toda la información, creencias, intereses y vivencias que tenemos guardadas en nuestro subconsciente, crean como un filtro de información, que hace que el SAR le mande un aviso a nuestra mente cada vez que detecta algo que tiene registrado en tus creencias y que puede ser útil para ti.

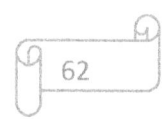

Por eso **cada persona ve una realidad diferente**, ya que la unión de nuestras creencias, pensamientos, vivencias y entorno nos hacen ser diferentes al resto de personas y hace que, aunque encuentres personas afines a ti, estas no tengan las mismas opiniones que tú en todos los ámbitos o temas.

La SINCRONICIDAD es cómo funciona la mente creativa del universo. Todo se va ajustando según el camino que vas cogiendo.

Podemos decir que las personas, **tenemos pensamientos lineales, pensamos una cosa, otra cosa, otra cosa... En cambio, en el Universo las cosas pasan al mismo tiempo**.

Cuando experimentamos esa "coincidencia" es que estamos experimentando la mente del Universo.

¿Cómo saber que tenemos una sincronicidad?

En el momento en el que empiezas un proyecto, ya puede ser una meta nueva, un cambio de pensamiento, sea lo que sea nuevo que empieces. Pongamos de ejemplo, quieres emprender una carrera de cantante, ya que as descubierto que te gusta cantar y lo haces muy bien. Empiezas a trabajar en ello y un día vas a cenar a ese sitio de siempre, ya que el trato con el camarero es perfecto, te da "palique" y necesitas desconectar un poco. Hablando con él, como de costumbre cada vez que vas, te dice que su primo tiene una discográfica conocida.

¿Cómo puede ser que de tantas veces que has hablado con él, sea justo ahora, cuando has emprendido ese camino, que te hable de ese primo con ese oficio?

Eso es una sincronicidad. Explicado de otra manera, son señales que apuntan hacia donde tú quieres ir, te van mostrando el camino a seguir. Las circunstancias se van vinculando CAUSAlmente. Como has podido conocer con esta ley, todo es mente y todo es el TODO. Nos regimos por nuestros pensamientos y por nuestras emociones y todas estas vienen de nuestras creencias. Si no has leído LO QUE TUS OJOS NO VEN, te aconsejo que lo hagas ya que te explico más ampliamente las creencias y con el LIBRO DE EJERCICIOS DE LO QUE TUS OJOS NO VEN trabajarás para transmutarlas y liberarte de esas creencias limitantes.

CURIOSIDAD 1

La mente se guía por los sentidos, pueden ser la vista, el oído, el tacto, el olfato o el gusto, (incluso la intuición, que también podemos llamarle el sexto sentido). Cuando falta uno de los cinco sentidos, tu cerebro no recibe al 100% toda la información como es de costumbre, entonces lo que hace es rellenar ese vacío que tiene con "recuerdos" o con lo que ve más oportuno según la situación, la mente saca la información del subconsciente y hace "su historia" según con lo que estás viendo o viviendo en ese momento. Por eso en la misma situación dos personas pueden percibir cosas muy distintas, todo depende de las creencias, el estado de ánimo y de la manera en que rellena tu subconsciente la situación, si a esta le falta algo de información.

Lee la siguiente imagen.

> Según un etsduio de una uivennrsdiad ignlsea no ipmotra el odren en el que las ltears etsen ersciats, la uicna csoa ipormnte es que la pmrirea y la utlima ltera esten ecsritas en la psiocion cocrrtea. El rsteo peuden estar taotlmntee mal y aun prodas lerelo sin pobrleams. Etso es pquore no lemeos cada ltera en si msima, pero si la paalbra cmoo un todo. ¿No te parcee aglo icrneible?

A pesar de estar mal escrito el texto de la imagen, nuestra mente "rellena" ese vacío, lo mismo pasaría si faltase alguna letra de por medio, ésta sería rellenada de forma automática por nuestro cerebro.

Con esta curiosidad quiero darte a entender que nuestra mente, en cada situación que se nos presente, podrá crear una versión de lo que pasa cuando no tengas la información completa de ésta. Según tus sensaciones de otras experiencias, según tus recuerdos o vivencias, te hará sentirte de una manera u otra o te hará sentir una emoción u otra. Por eso es tan importante cambiar las creencias que guian tu mente.

CURIOSIDAD 2

Una vez leí la reflexión de una parábola muy conocida de la biblia, que me dio que pensar, todo proviene de la famosa historia de Adán y Eva.

Tiene una buena reflexión, de cómo funcionamos en la tierra. En la biblia encontramos mucha información, pero ésta está mal interpretada por nosotros, debemos saber que cuando comparan el cielo con el infierno, que el cielo es el "regalo" y el castigo es el infierno. Debemos saber que se refieren al cielo, no como el lugar dónde hay amor y paz, sino estar en el cielo es vivir **con** amor, vivir **con** paz, perdonar al prójimo, el castigo o la bendición no es cuando morimos, es la forma en la que vivimos, durante toda nuestra larga vida.

Por otro lado, tenemos el infierno, en el que encontramos la envidia, celos, lujuria, remordimiento, odio, rencor… Es vivir una vida llena de estos sentimientos, vivir atrapado en la espiral del odio, en vez de vivir en el amor. El peor castigo que puedes tener es el infierno, es vivir en ese papel de victimismo. Debemos de saber que vivimos en un mundo **psicosomático.** Si estudiamos y miramos un poco esta palabra, podremos entenderla mucho mejor. PSICO y SOMAS provienen de la palabra griega *"psyche"* que significa alma y *"somas"* cuerpo. Con esto sabemos que el alma enferma al cuerpo, que alma y cuerpo van unidos.

Cuando Eva comió del fruto prohibido, tanto ésta como Adán fueron expulsados del paraíso, condenados al sufrimiento. Con lo cual podemos decir que Eva, alma y mente (imagen), no actuó "bien", hizo lo contrario a lo que debía hacer, y a consecuencia también sufrió Adán, el cuerpo y la parte material de nuestra vida (el reflejo).

Todo lo que se produce en el cuerpo o plano físico, proviene de la mente. Cuando nuestra alma no está bien, lo refleja en el cuerpo, sea con una enfermedad, con carencias en el mundo material... no importa de qué manera se manifieste, todo lo que ocurre en el lado EVA, alma y mente, siempre se verá reflejado en el lado ADÁN, cuerpo. Pero si también tratas mal al cuerpo, tu mente lo reflejará, todo está unido. Si metes substancias tóxicas al cuerpo, también estás haciendo daño a la mente.

Si en tu familia nunca recuerdas que haya abundado el dinero, y ves que en tu día a día sigues teniendo la misma carencia, no debes culpar al gobierno, al vecino, a tú jefe, a tu compañero. Lo que debes de hacer es mirar dentro de ti, mirar a tu lado EVA. Debes de ver que es lo que falla, que tipo de creencias tienes, que es lo que te frena para que progreses en el lado económico. Te pongo el ejemplo del dinero, pero podemos hablar también del amor, familia, amistad, en cualquier ámbito que tengas esas carencias.

Mira que patrones utilizas, que patrones han utilizado tu familia (hay patrones que son genéticos y que no se repiten por imitación), mira que es lo que te está llevando a ese camino, encuentra ese "fruto prohibido" que tu alma y mente están comiendo y a su vez castigan al cuerpo y a todo el lado material que ves reflejado en tu día a día. No puedes cambiar lo de fuera si lo de dentro no está bien. Sería un esfuerzo inútil por tu parte, sería perder tiempo y energía.

Escribí lo que tus ojos no ven, para introducirte a estas leyes. Siempre he pensado que, si por dentro no estás bien, si no haces una limpieza de sentimientos, va a ser imposible que puedas empezar estas leyes con fluidez.

Saca primero todo lo que te lastima, que llevas acumulando en tu mente, alma y corazón. Aprende a ser consciente de que eres tú el único creador de tu vida, y ten en cuenta que tu entorno co-crea contigo. Aléjate de esas personas tóxicas. Es más, en el momento de iniciar el proceso del cambio, tu vibración va a cambiar de tal manera que el propio entorno que tienes ahora irá cambiando. Que no te duela, es necesario para poder alcanzar esa estabilidad que tanto deseas, ese sueño y salir del estancamiento que tienes ahora.

No importa con toda la buena fe que hagas las cosas, y con la energía que hagas el cambio, si tu mente tiene pensamientos de lo que no quieres, las leyes no juzgan ni saben que dices NO LO QUIERO, las leyes dicen: Piensas esto, esto es dónde pones tu foco de atención, pues eso te voy a atraer. Tus mayores miedos se manifiestan, es una pesadilla que se hace realidad. Es sencillo, lo que piensas lo atraes, lo que crees creas, donde va la atención va el foco y la energía. **NO IMPORTA SI ES BUENO O MALO, LO ATRAES Y PUNTO.**

No dejes que EVA castigue a ADÁN, no dejes que tu mente y alma castigue tu vida en la tierra. Aprovecha al máximo esta vida, esta gran experiencia que te ha tocado tener, este mundo maravilloso que tienes delante.

Vamos a seguir...

SEGÚN COMO MIRES EL MUNDO ÉSTE TE MIRARÁ A TI

Partimos de la base en que cada persona tiene su verdad absoluta, ya que según por lo que hayas pasado, según por tus experiencias, creencias... tienes una forma de ver el mundo, tienes una manera de percibir las cosas y de actuar según la situación que se presente.

No tenemos ninguna verdad absoluta, por lo comentado anteriormente, te propongo un ejercicio.

EJERCICIO

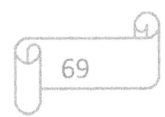

Compra gafas de sol con el cristal de distintos colores. No importa de qué calidad sean, ya que solo las utilizarás para pequeños periodos de tiempo. Compra con el cristal de color azul, rosa, negro, amarillo... Con que compres de tres colores ya es suficiente. Una vez tengas las gafas, no importa tu estado de ánimo, ponte primero las de cristal más oscuro, y sal a la calle, por la ventana, jardín, terraza, balcón... Y mira el mundo a través de esos cristales, si son de cristal oscuro podrás apreciar que todo lo que ves se ve más negro, más oscuro. No puedes apreciar el brillo de los colores y si está lloviendo mientras haces esta prueba, verás que el día es más gris de lo que realmente es. Ésta es la visión que podría tener "del mundo" una persona deprimida, triste, angustiada...

Cuando te pongas las gafas de color azul claro o rosa podrás apreciar que todo es más vivo, no es tan gris y oscuro como las gafas de color negro. Tienes una percepción diferente de todo lo que te rodea, todo tu entorno es más bonito que con los cristales negros.

En el momento en que te pones las gafas de sol de color amarillo, toda percepción cambia, todo lo oscuro se ve más claro, aunque en realidad algo sea negro, se ve con luz. Incluso las gafas con cristales de color amarillo, hacen que por las noches puedas ver mejor a la hora de conducir. Cambia totalmente la percepción de la conducción incluso no molestan las luces de otros autos que vienen de frente.

Con esto te quiero decir que cada vez que tengas un problema, que todo lo veas negro, si llevas las gafas de sol de color amarillo, ves el brillo de esas situaciones, ves que todo lo negro tiene otra gama de color, que brilla por muy negro que sea. Ves que en toda parte de oscuridad también hay cosas buenas, que cada vez que tengas una situación "mala" en tu vida, siempre te trae algo bueno, solo tienes que cambiar la forma de mirarla para que puedas apreciar los pequeños matices. Esas son las gafas que debes de llevar siempre, las del cristal amarillo, esas son las que debes de ponerte cuando veas que se avecina tormenta, que ves muchas cosas negras según tus creencias llevas un tipo de cristal u otro, de más calidad o menos. y según tu estado de ánimo el color del cristal varía.

Este experimento de las gafas también sirve para el pasado. Muchas veces miramos atrás y vemos situaciones por las que hemos pasado y las recordamos oscuras, con tristeza. Recuerda que esa situación es algo que tuvo que pasar para que a día de hoy seas como eres o hayas conseguido una serie de cosas y si lo miras con los cristales amarillos, verás mucha más luz aquella situación y podrás sacar mucho más aprendizaje de esa situación.

Seguro que mientras leías lo de las gafas has pensado que no te vas a gastar dinero para comprar unas gafas que no vas a utilizar más, solo para hacer una prueba que yo misma te voy explicando lo que sucede. Tu subconsciente te traiciona, no quiere que cambies, no quieres que evoluciones y mucho menos que salga de tu zona de confort, pero igual que te he dicho que compres gafas que tiene un coste mayor, te ofrezco la oportunidad de darte otra opción más económica, te voy a poner este ejercicio más fácil, no para hacerte un favor, sino para que hagas el ejercicio.

Compra papel celofán de colores, y mira a través de él, observa cómo cambia la perspectiva de las cosas según con el color que mires. Siempre tienes muchas opciones para hacer algo, **no te quedes con la opción básica del**

NO. Si a la primera de cambio te niegas a hacer algo distinto o pones muchas excusas para no tenerlo que hacer, siempre estarás igual, permanecerás en el mismo sitio, con los mismos problemas, las mismas angustias e inquietudes. Siempre obtendrás los mismos resultados, así que siempre estarás como estás ahora. Deja las excusas a un lado, no te permitas el "lujo" de quedarte en tu zona de confort, sal fuera y da la mejor versión de ti, verás cómo el mundo te dará la mejor versión de él.

Si creas una imagen exacta de lo que quieres conseguir, tu mente no tendrá otra opción que buscar la manera de encontrar exactamente lo mismo que tiene tu imagen inicial. (El encargado de eso es el SAR)

Recuerda que todo lo que te pasa es para un aprendizaje. Contra más desafíos hayas tenido en tu pasado y estés pasando ahora, más alegrías, abundancia y bendiciones tienes esperándote en tu futuro, más cosas buenas tienes por venir.

Muchas personas de éxito, han pasado muchos desafíos en su infancia, venían de familias pobres, han tenido muchos desafíos económicos, han recibido maltratos de su entorno... y a día de hoy tienen vidas extraordinarias.

Pasaron de vidas ordinarias a extraordinarias. Pasaron de una situación o situaciones difíciles a tener abundancia en todos los aspectos de sus vidas. Utilizaron todos esos desafíos que un día pasaron para saber lo que no querían y centrarse en lo que querían y crear un imperio a raíz de ello. Lo único que no hicieron es quedarse lamentándose de sus penosas vidas y de sus problemas, viendo toda la programación del televisor y tumbados en el sofá con la mantita. Se envalentonaron, salieron a la calle y empezaron a crear los imperios que tienen, crearon las oportunidades que necesitaban, porque si no encuentras la manera o la oportunidad, la creas y te la inventas con tal de llegar a lo que más deseas en este mundo.

Por otro lado, ya que hemos hablado del mentalismo y de que todo es mente, quiero aprovechar la oportunidad para decirte lo siguiente.

Cuando hablamos de la mente podemos compararla como si fuera tú casa. Por un lado, tienes la cocina (en los armarios siempre tenemos cacharros que nunca utilizamos), el comedor/salón, las habitaciones (tenemos armarios o cajones con papeles viejos o desorden), el lavabo (hay cremas o "potingues" que hace meses que no utilizas), el trastero o garaje (es donde van a parar todas las cosas que no utilizamos). Igual que hacemos en casa, debemos de limpiar cada una de las habitaciones de nuestra mente. Normalmente dónde más trastos acumulamos es en el garaje. Todo aquello que no utilizamos acaba arrinconado cogiendo polvo, es un lugar muy difícil de limpiar. En el garaje mental pasa lo mismo, arrinconamos todas aquellas creencias y recuerdos pasados que no nos sirven para nada, pero que están arrinconadas dañando nuestro día a día, creando emociones dañinas que se despiertan ante cualquier situación que se nos presente en la vida.

Para empezar a limpiar, no importa por dónde empieces, siempre y cuando vayas haciendo limpieza mental. Aconsejo empezar por las habitaciones más pequeñas, por aquellas más sencillas de limpiar, ya que será más fácil empezar y ver pequeños resultados que nos harán motivarnos para continuar.

Piensa, recapacita y visualiza esa casa interna y elige por dónde vas a empezar. Verás cómo poco a poco irás viendo resultados. Cuando limpiamos en casa y tiramos los objetos o ropa que no utilizamos, hacemos que la energía estancada empiece a circular, se mueva energía estancada y se renueve.

Es normal si al principio no sabes por dónde empezar, pero al empezar por una habitación pequeña, ese cajón que nunca abres y sabes que está lleno de cosas, ésta te irá dirigiendo al resto. Es un esfuerzo que merece la alegría, poco a poco irás mejorando en todos los aspectos de tu vida.

Recuerda, si tienes cosas guardadas que no utilizas, ya sea en un cajón, en un armario, en una caja, en el garaje, trastero… si en un año no las utilizado, es porqué realmente no las necesitas. No tengas apego a las cosas materiales de la misma manera que no debes de tener apego a esas creencias o formas de pensar que tenemos registradas en nuestra mente desde que éramos niños, no es nuestra identidad, solo es el conjunto de identidades que teníamos a nuestro alrededor cuando éramos niños y que a día de hoy no nos sirven de nada.

Borra todo aquello que no necesitas en tu nueva vida, para que vas a ir cargado de "equipaje viejo" cuando podes tener cosas nuevas, ya sea mentalidad, trastos, ropa… todo lo que se pase por la cabeza.

Si tienes cualquier no dudes en ponerte en contacto conmigo. sorayareyesperez@hotmail.com

Sigamos con la transmutación de tu vida.

Antes de continuar vamos a volver a leer el decreto. Ponte la mano en el corazón y lee:

SOY TRIUNFADOR/A, TODO LO QUE ME PROPONGO LO CONSIGO, POR MUCHAS PIEDRAS QUE HAYA EN MI CAMINO CONSIGO ESQUIVARLAS Y APRENDER DE ELLAS.

MIRO ATRÁS PARA COGER IMPLUSO SIN IMPORTAR LO QUE VIVÍ, CENTRÁNDOME EN LO QUE QUIERO VIVIR.

AHORA SE TODO LO QUE MIS OJOS NO VEÍAN, VEO MÁS ALLÁ DE LO QUE VEN Y HAGO REALIDAD TODOS MIS SUEÑOS.

ME EMPODERO DÍA A DÍA Y CONSIGO SER UN /UNA

¡¡TRIUNFADOR/A!!

MÁS ALLÁ DE LO QUE VES

LA MENTE ES CREADORA

Con 20 años me encontré en un pozo muy oscuro y profundo. Tenía un hijo de un año, su padre pasaba de él y si venía a buscar el niño tenía que ver como mi pequeño se iba llorando porque no quiera estar con él. Era algo claro que tenía desde pequeño y sin haberle inculcado nada malo sobre su padre. Éste tampoco ayudaba económicamente, pero no había nada que hacer ya que él no tenía trabajo ni ningún tipo de ingreso. Así que por mucho que mi hijo llevara el apellido de su padre, yo era madre soltera.

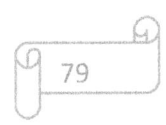

La situación que él me hacía pasar no era la normal, malas palabras por mensajes en redes sociales y amenazas de que mi hijo desaparecería y a su vez me decía que ese niño no era suyo, me ignoraba cada vez que se le ocurría venir a por el peque y yo le tenía que decir algo como, está resfriado y hay que darle tantos ml de este jarabe, va mal de vientre, o cosas típicas de hijos. Los que sois padres ya sabéis de lo que hablo.

Así que tan joven tuve que encontrarme con el maltrato psicológico, vi que todas las amistades que tenía fueron desapareciendo una a una. Ahora entiendo que ya no tenía nada en común con ellos, a pesar de tener la misma edad, mi vida no tenía las mismas responsabilidades que la vida de ellos. Mientras ellos pensaban en que ponerse para ir de fiesta y donde iban a salir un sábado noche, yo pensaba en pañales, en revisiones médicas y en todo lo que conlleva un bebé. No vibrábamos igual.

Así que me encontraba "sola", todo mi entorno había desaparecido.

Muchas veces lloraba horas y horas y no sabía el porqué, trabajaba en una residencia de ancianos, lo llevaba bien, pero no era el trabajo de mi vida, no quería estar trabajando toda mi vida en una residencia, rodeada de muertes. Era un trabajo muy bonito, ayudaba a personas que no podían valerse por sí solas, con mucha historia a sus espaldas y seguro que, con una experiencia espectacular, pero ver cómo iban muriendo uno a uno era algo que no soportaba.

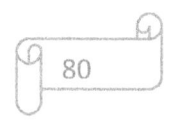

Cuando se terminó el contrato de trabajo, me vi en la misma situación que te contaba antes, con un desamor muy grande que me hizo mucho daño y encima sin trabajo. En este momento era víctima de mis circunstancias, no sabía nada de lo que te explico en LO QUE TUS OJOS NO VEN ni en este libro. Realmente el que no me renovaran el contrato de trabajo y el dolor que me causó ese amor, me llevaba a un momento que iba a cambiar mi vida. El problema que tenía en aquel momento era que estaba en una depresión y que no sabía las leyes del Universo.

Como ya te conté en lo que tus ojos no ven, fui al médico para contarle lo que me pasaba, no sabía con quien hablar, ya que con mi familia tampoco tenía la confianza ni el apoyo moral para contarles nada, y lo que me dijo era que tenía que relacionarme con otras madres, con personas que tuvieran hijos, ya que con los de mi edad no tenía nada en común, que saliera de casa con mi hijo y que si quería me podía recetar un medicamento para la depresión. Acepté todos sus consejos menos el de la medicación, y así empecé.

La depresión no se fue de la noche a la mañana, pero empecé el camino hacia la felicidad. Cuando salí del médico empecé a plantearme cosas nuevas para hacer, de compartir tiempo en el parque con mi hijo, de ver la vida de otra manera, de tener claro qué tipo de hombre quería a mi lado e ir olvidando el daño que me habían causado mis exparejas. En aquel momento empecé a crear, seguía dentro de ese pozo oscuro, pero veía una pequeña luz al final del agujero, empezaba a tener alguna motivación (aparte de mi hijo).

Había creado, y aunque siguiese con depresión, llorando por los rincones y sin ganas de nada, yo iba creando, iba saliendo al parque, y tenía claro que quería ser feliz.

Como te he contado en la introducción del libro, tiempo después de la manera que menos esperaba y con un chico que hacía años que conocía del instituto, pero con quien no había hablado apenas, apareció. Era una persona tan diferente comparándola con los que había conocido, era tan amable, atento, comprensivo... Teníamos una conexión tan especial y extraña a la vez... Él solo con mirarme a los ojos sabía que me pasaba y como me sentía.

Con todo lo que pasó y me hizo sentir comprendí que era él, la persona que había creado en mi mente, era él la persona con la que tenía que compartir mi vida y con la que iba a crecer como persona. A día de hoy, hemos crecido juntos con todas las vivencias que hemos tenido, seguimos teniendo la misma complicidad o incluso más qué el día que nos conocimos.

MI CREACIÓN EN EL MUNDO CUANTICO APARECIÓ EN EL PLANO FISICO/MATERIAL.

Con mi ejemplo quiero mostraros que hay veces que tenemos que estar en el polo opuesto del deseado, para poder crear y obtener lo que deseas. Quizá estando bien nunca me hubiera fijado en ese chico, es más en los años anteriores nos íbamos encontrado, nos parábamos a hablar un poco, pero nunca surgió nada por parte de los dos. Tanto él como yo teníamos que pasar por nuestras experiencias, aprender de todo lo sucedido para poder tener algo los dos.

Este chico, a día de hoy es mi pareja, el "padre de mi hijo" y tenemos una niña en común. Es un gran apoyo, es mi gran loco ya que me sigue y me apoya en todas mis locuras.

Todo lo que viví con él me ayudo a ir superando esa depresión que parecía que no tenía final, con su ayuda fui cambiando mi manera de pensar, de sentir y de observar el mundo. El trabajo mental, el practicar para ser feliz fue un trabajo mío, no puede ser de nadie más, pero al notar que durante ese camino iba cogida de la mano de él, todo se hizo más ameno.

En muchas ocasiones te habrás sentido destruido por las circunstancias, pero no debes fijarte en eso, debes de mirar que parte buena traerá todo lo que estás pasando. Estaba pasando una depresión junto a un desamor, cuando conocí a esa persona podría haber seguido obsesionada mirando mis problemas, pero me giré y encontré el resultado, la parte buena de todo eso. No pasó de un día a otro, pero esa situación extrema en el polo negativo me llevo directa al polo positivo en el amor. Si a mí me ha pasado, ¡a ti también te puede pasar!

TU PUEDES CREAR como yo lo he hecho, debes de tener claro lo que quieres, que sentirás cuando lo tengas, **sentir**, es la palabra clave.

Una vez sepas todas las leyes, empieces a entender cómo funcionan y vayas practicando, verás cómo tu mundo empieza a cambiar. Pero antes debes de haber sandado tu interior, debes de haberte quitado esos lastres en tu vida, debes de haber empezado por la base. Ya sabes que una casa no se construye por el tejado, una casa empieza a hacerse primero por los cimientos. Una casa o un gran edificio, sin cimentos duros, resistentes y sólidos, cuando venga una racha de viento o se tambalee un poco el suelo caerá.

En cambio, si creas unos buenos cimientos en tu mente y en tu vida, esa casa seguirá en pie por mucho viento y por muchos terremotos que puedan haber. En LO QUE TUS OJOS NO VEN, te enseño como empezar por tu interior para poder crear en tu exterior.

También debo añadir que según las emociones que hay en nuestro interior, se manifiesta en nuestro cuerpo. Todos los sentimientos interiores se manifiestan en nuestro cuerpo, en como lo construimos.

Si tenemos un conflicto o nos sentimos vulnerables emocional o sexualmente, podemos fabricar una capa de grasa protectora sobre nuestras caderas o abdomen. Si tienes dolores en la rodilla, puede ser que tengas miedo a avanzar. Cuando sale un orzuelo en el ojo, se debe a que no te gusta algo de lo que ves en el exterior cuando es en el ojo derecho influenciado por nuestro padre (el lado derecho es el masculino), cuando nos sale en el izquierdo es al no gustarnos algo de lo que vemos en nosotros mismos, influenciada por lo que aprendimos de nuestra madre. (El lado izquierdo es el femenino).

Esto es una pequeña pincelada de todo lo que nos puede afectar nuestros pensamientos, miedos y emociones en nuestro cuerpo.

Vamos a continuar con estas maravillosas leyes.

Tengo tantas ganas de que empieces a ver pequeñas sincronicidades en tu vida, que empieces a crear algo, por pequeño que sea…

Pero para ello debo de seguir explicándote el resto de leyes. Recuerda ir subrayando aquello que resuene más contigo en el momento de la lectura, ir anotando cualquier idea o pensamiento que te venga a la mente, no lo dejes para después o pienses que te acordarás, porque cuando quieras hacer memoria de aquel pensamiento maravilloso que tuviste, ya no te acordarás.

Continuemos…

MÁS ALLÁ DE LO QUE VES

PRINCIPIO DE CORRESPONDENCIA

Este principio dice que los modelos se repiten una y otra vez. Como te expliqué con fotografías en el libro de ejercicios de lo que tus ojos no ven, todo lo que conocemos, sin importar si lo vemos o no, ya sea el sistema solar o un átomo, tiene la misma forma.

Si te fijas en las siguientes imágenes puedes ver como el átomo newtoniano como el átomo cuántico son dos partículas que debemos ver con microscópico, ya que a simple vista no se aprecian, en cambio el sistema solar es tan inmenso que solo vemos una mínima parte de él a simple vista a pesar de que formemos parte de este, necesitamos una vista externa para poderlo apreciar. Pero a pesar de sus diferentes tamaños, su forma o modelo se repiten en los tres.

Con esto confirmamos lo que dice la ley de correspondencia:

<u>TODOS LOS MODELOS SE REPITEN UNA Y OTRA VEZ EN CADA COSA DE LA NATURALEZA, CADA COSA DEL TODO, DEL UNIVERSO.</u>

Más adelante hablaremos de los patrones en nuestra vida, ya que también se repiten una y otra vez.

Observa las fotografías y fíjate en las formas que tienen las tres. Obsérvalas detenidamente.

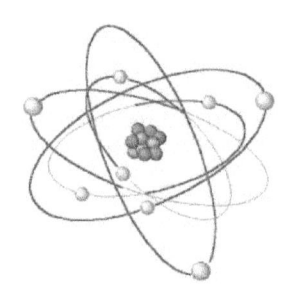

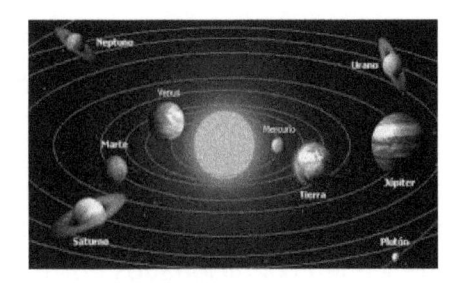

Si observas la primera fotografía, el átomo cuántico, puedes observar que su composición es similar a la segunda imagen del sistema solar y estas dos, a su vez, son similares a la tercera imagen, el átomo newtoniano.

Todos, todo y el TODO, está creado por la unión de millones y millones de átomos, que estos son los que crean la materia. Según la unión de los distintos átomos se crea todo lo que vemos, tu ropa, tu libro, tus uñas, tu cuerpo... se crea TODO.

Pero no olvidemos, que lo que la ciencia dice que son conjuntos de átomos, también es materia.

Como te he dicho antes, todos los patrones son iguales y se repiten. Nuestra mente ha creado una serie de patrones que estos se repiten una y otra vez, no importa en el ámbito que sea, dinero salud, amor, negocios, trabajo, amistades, familia... Todo se repite una y otra vez, ¿hasta cuándo?

Hasta que seas capaz de aprender la lección y seas consciente de ello, entonces podrás darte cuenta de todos esos patrones que vienen condicionados por tus creencias y así aprender la lección que te muestran y crear un nuevo patrón.

El amor era un ámbito muy complicado para mí, siempre que conocía a un chico, acababa sufriendo de la misma manera que con el resto de parejas. Todos tenían el mismo "molde" todos eran muy parecidos al patrón que había creado como hombre, en mi caso se parecía al patrón que había conocido en casa, a mi padre.

Cuando fui consciente de ello, sabía lo que me pasaba con los chicos, pero aún y así seguía conociendo a personas iguales. En la última relación de noviazgo que tuve, antes de conocer a mi actual pareja, toqué fondo, sufrí más de lo normal, me causo tanto daño la situación, que aún recuerdo el momento en que di el salto cuántico en el amor. Estaba llorando, pensaba que en ese momento se terminaba todo, me sentía sin fuerzas, sin ganas de seguir, solo pensaba que por qué tenía que vivir eso, que estaba cansada de sufrir por amor (y ahora viene el momento "mágico"), yo no merecía eso, yo quería y merecía a un hombre y no un niño, que me respetase, que me quisiera, que me valorase... y un sinfín más de cosas. Me plante, dije que basta, que no iba a fijarme más en un chico que tuviera esos patrones.

Conseguí pasar página antes de lo esperado, y sin buscar ese amor descrito apareció de la forma más inesperada. Se presentó delante de mí, sin buscarlo, sin pensarlo. Me hizo vivir un "primer amor". Y a día de hoy seguimos enamorados como el primer día o más, creciendo los dos juntos y apoyándonos en todo lo que emprendamos. (Como ya te he contado en el capítulo anterior).

Éste, es un claro ejemplo del patrón, mi única referencia fue mi padre, la relación que mis padres tenían y si la de ellos fue muy toxica y no terminó nada bien, ese era el ejemplo que tenía. En ese momento de tanto dolor actuaron la ley del mentalismo y la de correspondencia, todas ellas actuaron a mi favor. ¿Por qué? Porque me planté, mande el mensaje con una gran emoción, me sané pronto, cambie de ambiente, no me obsesioné por encontrar el amor y ZAAS, apareció.

Todo lo que nos sucede es a base de repetición. Todo se repite una y otra vez.

Volviendo con la correspondencia…

Este principio también nos dice que una persona puede crear de tres maneras; Puede hacer una casa con materiales externos, ya pueden ser ladrillos, cemento, etc., por otro lado, al reproducirse puede crear una vida, pero al que realmente se refiere, esta ley, es a la **unión del mentalismo y de correspondencia (ALMA/ MENTE)**,

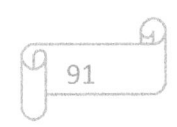

a la creación mental, sin ningún material externo y sin reproducirse, solo **creando en tu mundo mental lo que quieres conseguir**. Crea el Universo mentalmente, muy similar a como sueles crear una imagen mental.

Cuando te imaginas algo, tomándote algo con una amistad, con el trabajo de tus sueños, compartiendo tu día a día con esa persona tan especial o como me sucedió a mí con el amor, lo que te he explicado anteriormente... **A cada cosa que te imaginas, estas utilizando la ley de correspondencia, estás trabajando con ella, así que le mandas al Universo esa señal y junto a la ley del mentalismo vais creando.**

Recuerda que tu mente es creadora, así que cuando te imaginas cosas desagradables, cosas que no quieres que pase ya que te pueden dañar a ti o a tu entorno, también lo estás creando.

Con esto no digo que desees que piquen a la puerta de tu casa tu cantante o actor favorito y en ese mismo instante te ocurra. Cuando imaginas siempre lo mismo, no le pones un potencial excesivo, te ves realmente viviendo, lo sientes como real o incluso lo imaginas como si ya hubiese pasado, estas creando, estas mandando ese mensaje al Universo y te lo puede traer, ¡Así que mucho cuidado con lo que se deseas!

Más adelante te explicaré con más detalle lo anterior.

Para entender lo anterior te propongo un ejercicio.

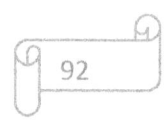

-Piensa en una persona (que no veas normalmente), en un elefante de color rosa, en una pantera de color lila o en lo primero que se te pase por la mente. Durante los tres siguientes días, pon de fondo de pantalla una imagen de la persona o cosa en la que has pensado, así cada vez que vayas a mirar el móvil o la hora, a cada llamada o mensaje que mandes irás visualizando inconscientemente, repite el nombre de la persona o de lo que quieres ver y a su vez visualizalo. En unos días veras como encuentras a esa persona, o recibes noticias de ella, o te encuentras en una imagen o un muñeco del animal visualizado.

Después de hacer este ejercicio y haber obtenido los resultados, verás cómo funciona el mentalismo más la correspondencia. (Verás que lo que visualizas en este ejercicio funciona más rápido que lo que tu realmente quieres, porqué en realidad lo que imaginas en este ejercicio no es algo que realmente anhelas, no es nada que necesites, no pones demasiado sentimiento ni deseo en ello, no pones un potencial excesivo).

Recuerda que **el hombre puede crear**, igual que hasta el día de hoy has creado en tu vida cosas que no te han gustado, también puedes ser el creador de cosas muy buenas, de milagros maravillosos, de cosas que a día de hoy se salen de tu mente o las ves muy lejanas. Aprende a utilizar todos estos principios y crea una vida llena de milagros, de bendiciones, de sorpresas y de luz.

COMO ES ARRIBA ES ABAJO, COMO ES ABAJO ES ARRIBA.

Debemos de entender que cuando hablamos de arriba y de abajo nos referimos al mundo cuántico, nuestro pensamiento y al mundo físico / material.

Cuando arriba, en tu mente, en tu mundo cuántico elijes la variable que deseas, esa opción que quieres, la elijes entre todas las variables posibles que tienes, si la trabajas con el mentalismo, haces que ocurra abajo, que se materialice. Y lo mismo ocurre al revés, si abajo lo tienes, haces que arriba esté elegida esa variable.

Voy a explicártelo mejor con un ejemplo.

Estás pasando por un mal momento económico. Arriba la variable que tienes ahora mismo es ese mal momento económico, y en el plano material es lo mismo, tienes problemas económicos.

Si tu elijes (arriba) la variable de tener dinero, no significa que instantáneamente se te aparezca en la cuenta del banco o en el plano material (abajo).

Tu elijes la variable de cambiar de situación y tener abundancia económica, estás en todo tu derecho a elegir esa variable, has nacido para tener lo mejor, para ser feliz y progresar y el dinero ya sabemos que da progreso siempre y cuando lo utilices bien.

Tú elijes la opción de tener mucho dinero, si en el mundo material no tienes esa variable, porque ahora mismo no tienes dinero, entra en contradicción, chocan... no es lo mismo que pides lo que ves y lo que ves no es lo mismo qué pides.

Elije esa variable, quédate con la abundancia en el mundo metafísico (mental, arriba, cuántico...) y cambia la percepción abajo. Evita sufrir por esa falta de dinero, siente que ya tienes el dinero, siente que se te ha materializado en una buena oportunidad de negocio, o como tú quieras, pero siente que esa variable es tuya. (es mejor que no pienses la manera exacta en que te va a llegar esa cantidad de dinero, deja que el Universo fluya, no le pongas barreras al flujo del dinero, deja que este busque la mejor manera de llegar a ti). Al hacer tuya esa variable, aunque ahora no sea lo que tienes, le mandas al mundo cuántico, que ya tienes abajo lo que has elegido arriba y arriba lo que has elegido a bajo, es como el pez que se muerde la cola, ahora debes elegir que opción o variable quieres.

Crea como yo lo hice con el amor, en aquel momento tan duro que pasé, cuando estaba en aquel pozo oscuro y empecé a ver la luz al final del túnel.

Ahora debes de encargarte de **CREAR, CREAR Y CREAR,** como cuando eras niños y creabas dibujos únicos, historias increíbles y comidas imaginarias. ¡CREA! No esperes más, el tiempo pasa, no sé qué edad tienes, pero hasta el día de hoy has ido haciendo tu vida como as podio, y haciendo caso a tus creencias, a partir de hoy harás tu vida como solo TÚ quieras.

TODO SE REPITE UNA Y OTRA VEZ

Todo sigue un patrón. Empezando por lo más pequeño y diminuto hasta acabar con algo tan grande como el universo.

Nuestra vida está llena de patrones que nos marcan y nos hacen o nos han hecho llegar al punto en el que estás ahora. Si te gusta la vida que tienes, si estas contento con todo lo que te envuelve, sigue así, no cambies de patrones, continua como lo estás haciendo.

Imagino que, si estás leyendo este libro, tu vida no es tan perfecta como a ti te gustaría, seguro que tienes algo que te gustaría cambiar en ella, por pequeño que sea. Al ser así tienes que observar muy bien cuál es el patrón que repites una y otra vez. Yo te he contado el patrón que seguía con el amor. Aprendí de él, cambié algún factor en la fórmula y conseguí algo muy diferente.

Debes de hacer lo mismo. Observa el patrón que se te repite una y otra vez, cámbiale algún factor a esa fórmula y prueba, verás cómo salen resultados diferentes.

Sé que me puedo hacer muy pesada con el patrón, pero es algo muy importante.

Ese patrón proviene de las creencias tan incrustadas en nuestro subconsciente. Es importante ir cambando de creencias, si mientras cambias de creencias, también vas cambiando de patrón, cada buen resultado te hará confirmar que el cambio de patrón y de creencias era bueno, y tu subconsciente dará por válida esa nueva creencia.

Sigue reforzándola hasta que la antigua creencia haya desaparecido.

Recuerda que es un proceso de acierto, error, hasta que encuentres la buena. Pero de cada error aprenderás, es tu camino al igual que es tu experiencia.

Una vez seas capaz de controlar los patrones, serás capaz de no repetir una y otra vez el error, serás capaz de hacer cosas diferentes en momentos diferentes y sobre todo con **RESULTADOS DIFERENTES.**

Una vez te conozcas mejor por dentro, sepas cómo funcionan las creencias, coma cambiarlas, como aplacar el miedo a lo nuevo, y uses todas estas leyes, verás cómo creas nuevos patrones de conducta, los cuales te darán bendiciones en tu vida. Esos son los patrones que deberás guardar y dar por válidos.

CURIOSIDAD/EJEMPLO

Hace unos días vi una película, no recuerdo el nombre ni los actores que salían, pero me llamo mucho la atención. Con el argumento de esta película te darás cuenta cómo funcionan las creencias y los patrones heredados.

La historia empezaba con una niña de color, (matizo su color de piel más que nada para entender la historia). Esa niña tenía que ir siempre perfecta, comportarse educadamente, no podía meterse en la piscina por muy caluroso que fuese el día y por mucho que ella quisiera, simplemente para que no se mojara el pelo. Esto pasaba porque su madre le hacía ser así, tenía que comportarse como una niña "blanca", pero ella observaba y veía que las niñas a las que tenía como referencia iban descalzas corriendo, se metían al agua, se comportaban como verdaderas niñas. ¿Por qué no podía meterse en el agua? El pelo que tenía era muy rizado, y al mojarse el alisado que llevaba, como es lógico, desaparecía completamente. En la siguiente escena los años pasaron y ya tenía pareja y trabajo, era una persona independiente. Pero a pesar de parecer una persona independiente, tenía una gran dependencia. Cada día se despertaba a las cinco de la mañana con un pañuelo en la cabeza, para que el alisado no se estropeara durante la noche, la madre venía a su casa para alisarle el pelo y estuviera perfecta. ¡Cada día hacían lo mismo! Y una vez maquillada y bien peinada se metía en la cama y hacía ver a su pareja que se acababa de despertar. Pero la cosa no queda ahí, a la hora de mantener relaciones con su pareja, no disfrutaba, no dejaba que este le tocase el pelo, cambiaban de posición (ella arriba) para que el pelo no se le estropease, resumiendo, realmente no disfrutaba las relaciones por la creencia que tenía inculcada desde pequeña de estar siempre perfecta.

Llega el día de su cumpleaños, ella está ilusionada porque encuentra una caja de una joyería y piensa que le va a pedir matrimonio. Cuando llega el momento de recibir ese regalo, ella ilusionada, ve que esa joya que esperaba era el collar de un perro que le regala ese mismo día. Ya te imaginarás que pasó después de la celebración. Empezaron a discutir, y esta le dijo que, si no la quería, que ella esperaba el compromiso. Él le contestó que realmente no la conocía, era siempre perfecta, que nunca se dejaba llevar, que a pesar de dos años, parecía siempre una primera cita. Realmente él no la conocía, tuvo que llamar a la secretaria de la chica para saber que flores le gustaban entre otras cosas más.

No me voy a enrollar mucho más con esta película, pero después de ese momento de discusión la relación se rompe, ella se cambia de color de pelo, se lo corta un poco… Hasta que en un momento de "locura" decide pasarse la máquina de rapar de los hombres y se lo deja al cero. Tal cual, rapada completamente. Cuando se da cuenta de la locura que ha hecho, como es de esperar se le cae el cielo encima, pero a la larga, se da cuenta que se ha quitado un peso enorme de encima, se da cuenta que la carga emocional que ella llevaba encima era muy grande, pesaba mucho. Después de alguna aventura con sus amigas y de conocer a otro chico, acaba comprometiéndose otra vez con la pareja que tenía al principio de la película, ella estaba feliz hasta que el chico le dice que tiene que salir perfecta la noche de compromiso, que se alise el pelo(ya no lo tenía rapado al cero, le había crecido un poco), una vez en la cena de compromiso, se da cuenta que eso no lo quiere, que está cansada de llevar unos tacones que le duelen para estar perfecta, en ese momento está el punto de quiebre en su vida. Vestida con un vestido largo de noche decide meterse en la piscina que hay en el restaurante, decide cortar con todo lo que les unía a esas creencias de su madre, decide ser quien realmente es, ya que se da cuenta de que siempre había sido lo que le enseñó su madre, "a ser la mujer perfecta que todo hombre quería" (según la opinión de la madre) y había dejado de ser quien ella quería ser en realidad. Quería disfrutar de la vida.

Es un claro ejemplo de que las creencias limitantes que nos inculcan nos encierran en una jaula y hacen que perdamos todo el potencial que tenemos, que dejemos de vivir nuestra vida para vivir la vida que esas creencias nos marcan. Que para estar perfecta dejaba de disfrutar, de ser natural y lo más impactante es que no se quería a si misma tal y como era, ya que en ningún momento aceptaba su gran e imperfecta perfección.

EL ESPEJO

Como te expliqué en lo que tus ojos no ven, todo funciona como un espejo, por un lado, tienes la imagen y por el otro el reflejo. Cuando en tu vida ves caos, desorden, que todo te sale mal... Debes de mirar dentro de ti, en la imagen, ver cómo estás por dentro, ver que es lo que estás proyectando hacía fuera. Esa es la importancia de trabajar las creencias y los patrones.

En muchas ocasiones nos cruzamos con personas a las que no podemos soportar, tienen algo que no te gusta, tienen mucho ego... En ese momento, en vez de alejarte de ellas porque hay cosas que no soportas, debes de mirar dentro de ti, analizar ese comportamiento de la otra persona y ver qué es lo que tiene en común contigo, sin darte cuenta, quizá en muchas ocasiones tú también has actuado así o lo sigues haciendo y el Universo te muestra aquello que debes trabajar.

Por otro lado, cuando enfermas y sientes dolor, ese dolor no es la enfermedad, es la consecuencia de esa enfermedad. El dolor que sientes en tu vida, las cosas que te salen mal, no consigues el amor, el dinero o lo que te falte en tu vida, esa es la consecuencia, el no tenerlo, hay que mirar dentro para ver de donde proviene esa consecuencia, esa carencia.

Cuando te miras al espejo, y ves a esa persona tan arreglada y tan guapa, no es una simple proyección, es que tú te has arreglado, y al mirar tu reflejo lo ves. Cuando miras tu vida y todo lo tienes en una cuerda floja, ya sabes, mira en tu interior. Lo más importantes es conocerse realmente como es cada uno, sin que interfieran opiniones externas. Saber cómo funciona tu mente y tus creencias, como puedes mejorar. Para poder conectar contigo mismo, la mejor manera es tener momentos de tranquilidad y de soledad, para encontrarte contigo mismo. Las meditaciones también son otra opción, desconectar de todo lo externo, de tu cuerpo y centrarte solo y exclusivamente a tu mente o tu alma. (en mi canal de youtube tienes disponibles varias meditaciones, no dejes de probarlas).

Cuando en tu vida encuentras a personas que tienen algún comportamiento que te desagrada, ves que tienen mucho ego, que son caprichosas o cualquier otra cosa que te moleste, recuerda que es un reflejo tuyo, te molesta porque es algo que tienes dentro que debes de cambiar. En el momento en el que no te desagraden esos "defectos" que ves en la otra persona, significa que ya los has sanado. Por otro lado, todas las virtudes que ves reflejadas en los demás y te atraen mucho, también eres tú quien las tiene dentro, pero como a veces somos incapaces de darnos cuenta de cómo somos realmente, el Universo hace que las veas reflejadas en los demás para que te des cuenta.

Examina todo aquello que te disgusta en otras personas para ver lo que debes de cambiar en ti y analiza todo lo que te gusta, las actitudes de los demás que te atraen y acéptalas como tuyas. Todo es una proyección devuelta de nuestra personalidad. Cada vez que dices a alguien "tú eres", "él es" ... estás proyectando una faceta tuya. Deja de mirar en el exterior y céntrate en tu interior.

Tú ya lo tienes más fácil para conseguir este paso, ya conoces el principio del mentalismo y la ley de la atracción, ya vas conociendo como funciona tu mente, la naturaleza y el Universo entero. Ya has dado un paso hacía el cambio, estás avanzando por el camino.

Ya sabes que el mundo es mental, y todo lo que piensas se manifiesta, no importa que digas que lo quieres o que no lo quieres, el Universo no entiende de sí o no.

Tú mandas ese mensaje y él te lo trae, obedece. Si piensas no quiero deudas, tú le estás diciendo, DEUDAS, y eso es lo que entiende. En cambio, si piensas quiero amor, el mensaje que mandas es muy sencillo y explicito, AMOR, y ya sabes que es lo que te dará ¿Verdad?

Exacto, AMOR. Ten clara la imagen de lo que quieres recibir, ten claro que el Universo juega para eso, olvídate de lo que no quieres y del miedo a no conseguirlo. Si tienes todo esto claro, el Universo empezará a moverse para ofrecértelo.

Es como si te llama tu madre y te pregunta que quieres para comer cuando vayas a visitarla, y tú le contestas que quieres pasta. Perfecto, quieres pasta, pero hay muchos tipos de pasta: macarrones, espaguetis, tallarines, fideos, incluso los canalones y la lasaña también están hechas con pasta. Pero por otro lado tenemos salsa boloñesa, con roquefort, a la carbonara, con los fideos te podría hacer una fideuá, sopa... Hay muchas opciones dentro de lo que has pedido. Por eso debes de ser tan explícito, y decir exactamente qué es lo que quieres. Quiero unos tallarines con salsa boloñesa. Este último mensaje ha sido mucho más claro y conciso, tu madre ya sabes que se lo que quieres y cuando llegues a la hora de comer, lo tendrá listo. El Universo funciona igual, di exactamente lo que quieres, y cuando esté preparado el Universo te lo dará.

TODO ES DUAL

Más adelante, con el principio de la polaridad, hablaremos de la dualidad, pero te la introduzco ahora.

Nos encontramos con un mundo dual, calor-frio, arriba-abajo, dentro-fuera, ganar-perder, reír-llorar. El mundo físico y el mundo metafísico, el mundo material y el mundo espiritual. Partido político de derechas y partido político de izquierdas. Como puedes observar, todo tiene su lado opuesto o su "doble cara" en el mundo.

Vamos a poner de ejemplo un árbol, aunque también podría ponerte de ejemplo una planta, o cualquier otra cosa, pero con el árbol lo veremos más claro.

Ese árbol está en un campo, dónde siente el aire, la lluvia cuando cae, nota los pájaros como se posan en él, las ramas como se mueven, las hojas como crecen, se caen. Si da frutos también siente el fruto nacer, crecer, madurar y caer. Hasta ahora conocemos el lado exterior, lo que vemos y lo que siente con la percepción de los sentidos el mundo externo. Todo lo que vemos. Pero existe otra parte, que no se ve, pero ésta es la encargada de hacer o crear todo lo que nosotros vemos. Si las raíces no tuvieran espacio para crecer y alimentarse, el árbol no crearía frutos o serían de mala calidad, tampoco tendría abundantes hojas y a su vez no sería tan grande y robusto. Si en algún momento vemos que ese árbol no tiene condiciones normales, vamos a poner de ejemplo las hojas. Si las hojas, no son del color que deberían de ser, ¿las pintamos? O ¿mejor nos fijamos haber que pasa con las raíces? Debemos de mirar dónde todo se inicia, debemos ir a sus raíces, ya que por mucho que pintes las hojas, el problema seguirá estando, solo habrás disimulado algunas hojas, pero las que sigan creciendo seguirán estando mal e incluso el árbol puede llegar a enfermar y morir.

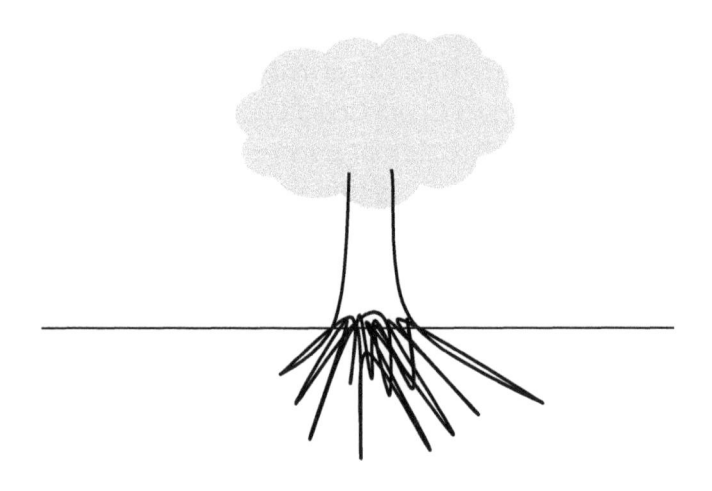

Lo, mismo sucede con nosotros. Cuando algo no va bien fuera, "pintamos" esa situación, hacemos el apaño para que no se siga viendo de esa manera. Pero si no vas a la raíz del problema (tu mente) no podrás cambiar definitivamente esa situación y por mucho que intentes arreglar lo que ves seguirá estando el problema, decorado, pero ahí estará.

"Cuando se comprende que los opuestos son uno, la discordia se disuelve en concordia, las batallas se convierten en danzas y los antiguos enemigos se convierten en amantes. Estamos entonces en condiciones de entablar amistad con la totalidad de nuestro universo, en vez de seguir manteniéndolo dividido"

Ken Wilber

Todo lo visible se crea en lo invisible. Si tu relación con tu pareja, amigos, dinero, trabajo, compañeros del trabajo, socios… sea cual sea la persona, no funciona bien, es porque algo en tu interior no funciona. Tus emociones y pensamientos no están bien, algo tienen que es lo que te hace que no funcione como debería. Mira en tu interior, analízate y encuentra que es lo que falla. Utiliza los conocimientos y herramientas que te he dado hasta ahora tanto en el libro LO QUE TUS OJOS NO VEN como en este.

Continuemos.

Antes de continuar vamos a volver a leer el decreto. Ponte la mano en el corazón y lee:

SOY TRIUNFADOR/A, TODO LO QUE ME PROPONGO LO CONSIGO, POR MUCHAS PIEDRAS QUE HAYA EN MI CAMINO CONSIGO ESQUIVARLAS Y APRENDER DE ELLAS.

MIRO ATRÁS PARA COGER IMPLUSO SIN IMPORTAR LO QUE VIVÍ, CENTRÁNDOME EN LO QUE QUIERO VIVIR.

AHORA SE TODO LO QUE MIS OJOS NO VEÍAN, VEO MÁS ALLÁ DE LO QUE VEN Y HAGO REALIDAD TODOS MIS SUEÑOS.

ME EMPODERO DÍA A DÍA Y CONSIGO SER UN /UNA

¡¡TRIUNFADOR/A!!

MÁS ALLÁ DE LO QUE VES

PRINCIPIO DE POLARIDAD

TODO ES DOBLE, TODO TIENE DOS POLOS; TODO, SU PAR DE OPUESTOS: LOS SEMEJANTES Y LOS ANTAGÓNICOS SON LO MISMO; LOS OPUESTOS SON IDÉNTICOS EN NATURALEZA, PERO DIFERENTES EN GRADO; LOS EXTREMOS SE TOCAN; TODAS LAS VERDADES SON MEDIAS VERDADES, TODAS LAS PARADOJAS PUEDEN RECONCILIARSE.

EL KYBALIÓN

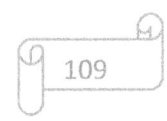

En este cuarto principio, nos encontramos con que todo es dual, todo tiene su par de opuestos. Existe el frio y el calor, el amor y el odio, el bien y el mal...y así podríamos enumerar muchos más. Aunque opuestos, son realmente la misma cosa, consistiendo la diferencia o simplemente, en diversos grados de aquella. Sabemos que existe dos puntos, pongamos el ejemplo del amor y el odio.

Ya sabemos que el amor y el odio son contrarios, antónimos, pero realmente son lo mismo, en diferente grado, si quieres mucho es amor, si realmente no quieres nada es odio. Según el grado de amor que haya se acerca más a un extremo del polo que a otro. ¿Cuánto es realmente el punto medio entre el amor y el odio? Cuando hablamos de frio o caliente. Sabes cuando tienes frio o cuando tienes calor, pero si observas un termómetro, realmente no sabes en que momento o en qué punto empieza el frio y empieza el calor. Son puntos extremos del mismo significado. Lo mismo ocurre con luz y oscuridad y con todos los ejemplos que nos encontramos en nuestra vida. Todo es una verdad a medias, ya que para unos en el mismo instante hace calor y para otros puede hacer frío.

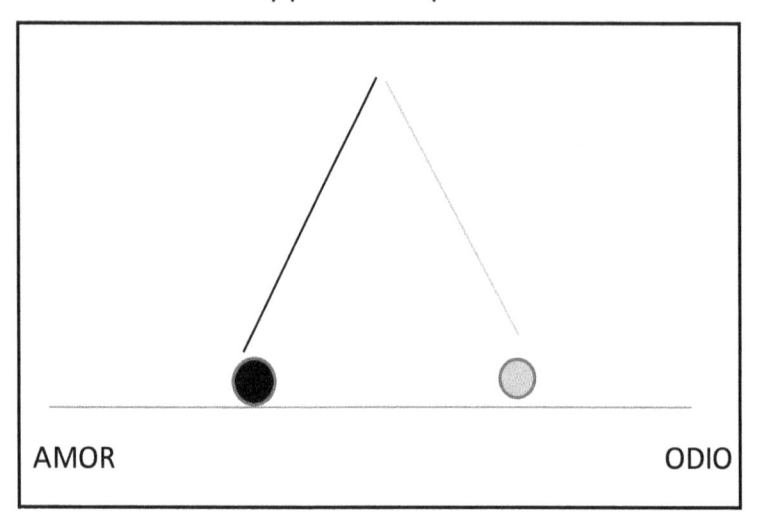

AMOR   ODIO

El péndulo solo puede ir del amor al odio (en este caso) oscila de un lado a otro, puede haber más o menos odio, o más o menos amor. Si recordamos esa expresión que dice que del amor al odio solo hay un paso, la explicación sería que cuanto más amor hay, las fuerzas equiponderantes del péndulo se ponen a trabajar y hace que el péndulo se vaya al extremo contrario. Cuanta más intención le pongas a un estado, más fuerte trabajarán las fuerzas que rigen al péndulo hacia el lado contrario. Tiene sus dos polos, sus dos opuestos. Podemos pasar del amor al odio, de frio a calor, pero no podemos pasar del amor al frio. Todo se mueve entre opuestos de la misma naturaleza.

Muchas veces, cuando veo a alguien llorar, no le digo que deje de hacerlo, al contrario, le aconsejo que llore, que lo saque todo, que llore hasta que no le queden más lágrimas. ¿por qué? Porque esa es la manera de llegar a la tristeza al máximo para que esta ley te lleve a la felicidad. Así funciona con todas las situaciones o emociones que nos rodean. Tenemos que tener en cuenta esta ley para cualquier cosa que queramos emprender, ya sea del ámbito laboral, dinero, salud, amor…

TODOS TENEMOS EL DON DE DIRIGIR NUESTROS PENSAMIENTOS HACIA CUALQUIER DIRECCIÓN, CUESTE MÁS O MENOS, TODOS PODEMOS.

En LO QUE TUS OJOS NO VEN, ya te empecé a introducir estas leyes, del principio de polaridad te dije que el mundo era dual, que no podía existir el frio sin calor, ni la luz sin la oscuridad. Nos movemos por un mundo que tiene dos extremos, dos polos.

Puedes estar en un grado u otro, más cerca del frio que del calor, más cerca de la luz que de la oscuridad, porque todo lleva el movimiento de un péndulo.

¿Te has dado cuenta que cuando hay un invierno muy frio después el verano es muy caluroso?

Muchas de las personas que hoy son millonarias, multimillonarias, billonarias... en su niñez eran personas que no tenían nada, pobres, muchos pasaron por desafíos económicos. Aprendieron a mover el péndulo del grado de escasez al grado de abundancia. A mí me pasó con el amor, pasé del grado dolor al grado de AMOR.

La vida tiende a buscar el equilibrio, por eso decimos que las circunstancias van y vienen. Nada es estático ni se queda móvil.

Fíjate en tu vida, piensa en los grados que tus has pasado, que hiciste para pasar de un lado al otro, que acción tomaste para mover el péndulo de un lado a otro.

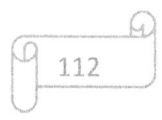

> Haz una foto de esta página y mándala a sorayareyesperez@gmail.com con alguna experiencia que hayas vivido y sin ser consciente hayas utilizado eta ley. Vamos a dar ejemplo a los demás con nuestra experiencia. Cada vez somos más los visionarios que empezamos a ver lo que nuestros ojos no veían y vemos más allá de lo que ves.

Toma consciencia de esta ley. Aprende a manejar la intensidad del péndulo. Cuando estés en el lado contrario del que deseas, haz lo posible para moverlo.

Si te sientes mal, estás triste y lloras mucho, llora hasta secarte, llora hasta que no puedas más, eso te llevará al otro lado. Y así con todo.

También debes de tener en cuenta que, cuando estés en el lado deseado, si no sabes equilibrar bien las fuerzas equiponderantes, estas te llevaran al lado opuesto. Debes aprender a tener un equilibrio. También es cuestión de vibración. Lo explico más adelante. Así que empieza desde hoy a trabajarlas, empieza a fijarte en qué grado estás y estabiliza ese péndulo en el grado que deseas.

Para poder cambiar de grado dentro del mismo estado de naturaleza, puedes tomarte las cosas de otra manera. Me explico. Hace años, cuando estaba en un estado indeseado, pongamos de ejemplo que estaba preocupada por que algo no terminaba de salir como debía, me decía a mí misma riéndome, ¡Anda, esto se resiste, entonces es porque viene algo mejor! Intentaba no preocuparme y a mi mente subconsciente le rompía el patrón que tenía de siempre preocuparse por cualquier situación que surgiera sin tenerla prevista, aunque la situación fuese preocupante. Desde los 19 años, mis decisiones o situaciones no solo me afectaban a mí, también a mi hijo y años después, también a la familia que había formado con mi marido y mis dos hijos. Me preocupaba que las cosas no saliesen bien, ya que había dos niños que dependían de nosotros. Pero eso era lo que me ayudaba a actuar así. En vez de desesperarme más por ellos, al contrario, expresamente pasaba del grado de desesperación, al contrario, al grado de esperanza o tranquilidad. Yo sabía que todo se iba a solucionar gracias a estas leyes, ya que el universo cuida de mí al trabajar bien todas estas leyes.

Si en algún momento te quedas sin trabajo, no es una mala noticia, quizá es porque te viene un trabajo mejor. Si al empezar a trabajar estas leyes te quedas sin pareja, es que tú estás cambiando de vibración, esa pareja ya no te conviene dentro de tu cambio y tienes a otra mejor por venir. No debes de quedarte estancado con lo que tienes. Debes de saber que todo fluye y refluye, que el universo se contrae y se expande. Para tener un gran amor, primero debes de conocer el desamor. Debes de saber bien que es lo que buscas en tu pareja, y valorar más el amor. Cuando tienes una situación muy mala, debes de saber que es por qué viene una muy buena en camino. No desesperes, sino todos los péndulos se irán al grado contrario al que deben ir. Tomate las cosas de otra manera, si sientes que debes llorar, pues llora, pero hazlo solo una vez, para pasar del llanto a las risas. Si sufres por amor, sufre bien, para pasar del desamor al amor.

A cada situación, somos nosotros que le ponemos un sentimiento, este puede ser malo o bueno, pero somos nosotros los que creamos, a través de nuestras creencias el significado de las cosas. Quizá no sea tan malo el que desaparezca esa persona de tu vida. Párate a pensar bien en lo que te ocurre, ¿qué lado positivo tiene? Ahora quizá no lo sepas ver, pero con el tiempo mirarás atrás y verás que resultado bueno te dio aquella mala situación. **En el universo nada es inmóvil, todo fluye y refluye.** Igual que hoy tienes una mala situación, con un poco de empeño, mañana puedes tener una gran situación.

Ejercicio.

Haz una lista con todos los sentimientos o emociones negativas. Admite esas sensaciones, las tienes y punto. No te resistas a ellas. Ahora forman parte de ti por el miedo que sientes. Escríbelas, verás cómo solo por el hecho de haberlas escrito, ya has sacado un poco de ellas. En LO QUE TUS OJOS NO VEN, te explico la técnica del tapping. También tienes disponible en mi canal de youtube un video que explica cómo funciona esta técnica. Una vez escritas, utiliza esta herramienta para sacar toda esa frustración, y admitir en que situación estás. Cuando admites que tienes una situación, estás en buen camino, el siguiente paso es coger las riendas de esa situación. Una vez liberadas las emociones negativas con la lista, ya les as quitado resistencia, es más fácil re-polarizarlas. Así que el siguiente paso del ejercicio es poner al lado de cada palabra negativa, su opuesto. Hago una lista inventada, y la primera palabra negativa que tengo es odio, al escribir esa palabra, siento como se va parte de ese odio, sale de mí. Al escribir amor como antagónico de odio, debo de sentir como va entrando ese amor dentro de mí. Ahora haz tú lo mismo, ves escribiendo y a su vez sacando de ti todo lo negativo y después ves incrustando dentro de ti lo positivo.

Si empiezas ya a poner en marcha las leyes que te he explicado hasta ahora, junto con los ejercicios, verás que empezará a suceder cosas en tu vida, veras que el contexto en el que te encuentras ahora se va modificando, que todo va cambiando de grado. No esperes a leerte todo el libro para empezar a aplicarlas. Ya has perdido mucho tiempo en tu vida, ponte YA manos a la obra y empieza a cambiar tu mundo. Empieza a crear milagros y bendiciones.

En tus manos está el cambia tu vida o el seguir como hasta hoy. Recuerda que eres el creador de tu vida.

LA LEY DE LA PARADOJA

"El sabio a medias, reconociendo la irrealidad relativa del Universo, se imagina que puede desafiar sus leyes, ése no es más que un tonto vano y presuntuoso, que se estrellará contra las rocas y será aplastado por los elementos, en razón de su locura. El verdadero sabio conociendo la naturaleza del Universo, emplea la Ley contra las leyes: las superiores contra las inferiores, y por medio de la alquimia transmuta lo que no es deseable, en lo valioso y de esa manera triunfa. La maestría consiste, no en sueños anormales, visiones o imágenes fantasmagóricas, sino en el sabio empleo de las fuerzas superiores contra las inferiores vibrando en

lo más elevados. La transmutación (no la negación presuntuosa), el arma del Maestro."

EL KYBALIÓN

Con este fragmento del kybalión podemos entender que la persona que se cree que lo sabe todo, que piensa desde su punto de vista que sabes más que nadie, y que cree que las leyes funcionan como él quiere, se encontrará que no consigue nada, será vencido por esas propias leyes mal usadas. En cambio, cuando eres capaz de dominar esas leyes que conoces de una manera absoluta, serás capaz de cambiar todo aquello que deseas, así siendo un maestro de esta materia. Sabrás que vibraciones superiores dominan a las inferiores, así, serás capaz de elevar tu energía de tal manera que serás capaz de controlar todo lo que deseas atraer, siempre y cuando no sea algo extraño, irreal e ilógico.

Cuando sucede un hecho, cada persona tiene su verdad de lo que ha sucedido, cada persona te va a contar su versión, su verdad absoluta. Con esta ley debes entender que siempre hay otro lado de cualquier cuestión, hay una verdad absoluta y una verdad relativa. Siempre hay que mirar el otro lado de la historia, pero no como versión, sino como echo. La verdad absoluta será lo que ha pasado, la verdad, es lo que ha pasado en sí, lo que no está mediatizado o mirado desde el punto de vista de nadie, por otro lado, está lo relativo, según con las gafas que mires, lo absoluto se verá de una manera u otra. Pero a su vez, al saber la parte absoluta del asunto, también debes de ver la relativa, debes de mirar siempre los dos lados de la verdad. Con la verdad absoluta nos referimos a cómo ve las cosas y las reconoce la mente del Universo o las leyes, y, por otro lado, las relativas, es como tal las reconoce el hombre.

Sigamos...

PRINCIPIO DE VIBRACIÓN

En el libro LO QUE TUS OJOS NO VEN, ya expliqué la ley de la atracción, la vibración y la forma positiva de pensar.

-La energía
-La vibración
-La ley de la atracción

Vamos a refrescar la memoria y empecemos por el principio.

ENERGÍA

"LA VIDA ES UNA MANIFESTACIÓN DE LA ENERGÍA EN LA MATERIA"

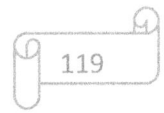

Para poder hablar de energía debemos empezar a hablar de las partículas más pequeñas.

En las partículas atómicas, encontramos el átomo, este está formado por plutones y neutrones, que a su vez estas sub-partículas son energía, igual que todo el átomo. Todo lo que nos envuelve está formado por esos pequeños átomos, que a su vez estos forman la materia.

La Materia es todo lo que tiene masa y ocupa un lugar en el espacio. Al tener masa y ocupar un lugar en el espacio se puede medir, es algo tangible.

Todo lo que nos envuelve incluso nosotros estamos hechos de materia.

Todo es energía, lo que se ve tanto como lo que no se ve.

LA MATERIA NI SE CREA NI SE DESTRUYE, SOLO SE TRANSFORMA

Con esto entendemos que todo es energía, el libro que tienes entre las manos, el bolígrafo con el que escribes, la comida, la mesa, los pensamientos... Todo lo que nos envuelve es energía.

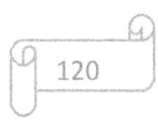

La materia se transforma, se transmuta. Con transformar y transmutar queremos decir que esa materia, situación, pensamiento, cualquier energía o ese TODO, cada vez que transmuta, cambia de naturaleza, de sustancia y de forma, convirtiéndose en otra; se transforma en otra cosa, NUNCA DESAPARECE.

La transmutación alquímica es tan importante en el plano mental, que, si fuese más conocida, sería uno de los estudios más importantes por el ser humano.

Más adelante seguiremos hablando de la transmutación y del mentalismo, ahora vamos a continuar con la vibración.

LA VIBRACIÓN

Una vez explicada la energía, podemos entenderla mejor añadiendo la vibración.

Cada partícula de energía, átomo o sub-partícula, tiene un estado de vibración. Como nos hace ver la física cuántica, todas las cosas que tienen una misma vibración se unen. Mira a tu alrededor, las personas que están a tu lado, tienen la misma vibración que tú, las personas a las que conoces y entran en tu vida, vibran igual que tú.

NADA REPOSA; TODO SE MUEVE; TODO VIBRA

EL KYBALIÓN

Los pensamientos también tienen una vibración específica.

No vibra igual un pensamiento de baja frecuencia, de una persona que está depresiva, que no le sale nada bien, a un pensamiento de alta frecuencia, como puede ser una persona optimista, que cumple todos los sueños que tiene, que en su mente no entra la palabra pereza o no puedo. Es más, todos los pensamientos que tiene son a la altura de sus sueños.

Cuando hay unión entre mente, espíritu / alma y materia/cuerpo, cuando las tres partes vibran por igual, encontramos el punto perfecto de la unión y la materialización de nuestro deseo o sueño.

Todo aquello que queremos y por lo que hemos trabajado día a día se materializa, se cumple. Antes de escribir LO QUE TUS OJOS NO VEN, tenía claro que tenía que escribir un libro, necesitaba hacerlo, ayudar a los demás con mi conocimiento y mis experiencias. Hice más de un intento, con el tiempo me he ido encontrando esos borradores, nunca pasaba a escribir más de cinco páginas. Esos borradores nunca pasaron a ser libro porque realmente no estaba del todo unida, no vibraba igual mi mente que mi alma. Mi alma decía que lo escribiera, que era algo que debía hacer, pero mi mente estaba más pendiente del exterior y de mi entrono, igual que se estaba adaptando a que ya no tenía mi negocio de golosinas, se estaba adaptando, ya que había salido de mi zona de confort después de cinco años. Cuando se alineó todo, me puse manos a la obra, empecé cada día a escribir, mi mente se había unido a mi alma, se habían puesto las dos a trabajar unidas, vibrando igual y apareció, la vibración de mi mente y mi alma también vibraban en el estado material, ya tenía escrito mi primer libro y lo tenía entre mis manos.

<u>Cuando tienes una meta, antes de empezar debes tener el alma (el que te hace tener ese deseo) y la mente (la que quiere tenerlo) unidas,</u>

---

si esto no pasa, todo lo que hagas quedará en borrador igual que mis primeros intentos de libro. De ahí la importancia de vibrar como tus sueños, de ir elevando tu VIBRACIÓN a lo que DESEAS, cuando estás en el mismo nivel, es más sencillo trabajar en ello.

En la ciencia hay una termino que es la cohesión. Éste término es **el principio de la atracción por el cual toda partícula o masa de materia se siente atraída hacia toda otra partícula o masa.** Es cuando existe esa cohesión es cuando se hace realidad todo, se crea ese TODO que nosotros queremos, cohesionamos nuestro ser (ALMA Y MENTE) con nuestro sueño (vibramos igual en los 3 aspectos: alma, mente y material).

En la siguiente imagen te pongo una muestra de vibración alta y baja (recordatorio del libro LO QUE TUS OJOS NO VEN).

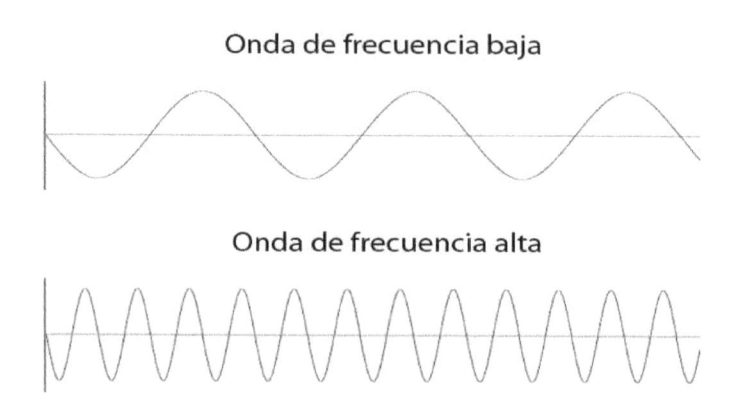

Onda de frecuencia baja

Onda de frecuencia alta

Como ya te expliqué en LO QUE TUS OJOS NO VEN, la ley de la atracción se rige por tu vibración, por todo lo que deseas, piensas y te enfocas. Si solo piensas en deudas atraerás más de ellas, si solo piensas en el daño que te han causado tus anteriores parejas, encontrarás a más personas que te harán sufrir igual.

Cuando tu vibración está baja (DENSA), eres una persona negativa y siempre te centras en lo que no quieres, tienes muy claro que es lo que no necesitas en tu vida, SIMPLEMENTE ATRAERÁS MÁS DE ELLO.

¿Por qué?

Porqué en lo que te centras y en lo que piensas se expande.

Debes saber lo que quieres (no centrarte en lo que NO quieres). Como ya te he explicado, vibraciones similares atraen a vibraciones similares, se unen, cohesionan y es en ese momento de cohesión cuando se materializa lo que quieres obtener.

LA LEY DE LA ATRACCIÓN

Todo lo que tienes en tú vida, tú lo has atraído.

Todo lo que piensas se manifiesta, ya que el Universo, materia, energía, Dios... es mental. Cuando mandas el mensaje al Universo de NO quiero más deudas, el dinero NO me llega para comer, lo que hace es mandarte más de eso, más deudas, menos dinero. Este Universo no entiende ni de SI ni de NO, solo sabe que lo que pides (o piensas) es lo que quieres manifestar.

Tienes que imaginar que eres un imán que atrae todo lo que quiere. Atraes de igual a igual (vibraciones similares atraen cosas similares). ¿Por qué has atraído todo lo que tienes ahora, por mucho que el resultado no te guste?

Porque no sabías cómo funcionaba el universo, nunca nos han enseñado estas leyes. As ido atrayendo las cosas porque no ibas con un punto fijo, ibas sin rumbo. Ahora que empiezas a entender un poco más como funciona, empieza a crear cosas maravillosas, empieza a sentirte realizado y a consecuencia FELIZ.

Recuerda que vibraciones similares vibran juntas, todo se une o se atrae por vibración. Y dentro de esa vibración hay distintas frecuencias. Vibra alto, tan alto como tu sueño, atráelo como se atraen dos imanes. Siéntelo tuyo y será tuyo.

Llegados a este punto, debes de saber que tanto el pensamiento positivo como negativo, es una espiral. Durante tu vida te habrás dado cuenta que cuando empiezas un mal día, acaba peor, o viceversa, cuando tienes un buen día, acaba mucho mejor. Todo eso es una espiral de emociones. Te voy a proponer un ejercicio, para mostrarte cómo funcionan los pensamientos.

Ejercicio

Coge papel y boli, siéntate en un lugar tranquilo, donde puedas pensar con claridad. Ponte una alarma para que suene dentro de tres minutos. Y ahora escribe. Escribe todo lo que se te pase por la cabeza, no fuerces nada. Solo piensa, escribe todo lo que te venga en la cabeza.

¿Ya lo has hecho? ¿A qué esperas?

Muy bien, si ahora te pones a leer tus pensamientos, verás que de una cosa pasa a la otra, y así sucesivamente. Con esta prueba, puedes ver y comprobar cómo funciona el pensamiento. Ahora imagínate que ese pensamiento inicial, el primero que escribes, es negativo, todo lo que venga a continuación, será cada vez más negativo. Estarás en espiral descendente, cada vez irás cayendo más y con esto también tu estado de ánimo y tu vibración. Si por el contrario tu primer pensamiento es positivo, y los que le siguen también, tanto tu vibración como el estado de ánimo, estarán en una espiral ascendente.

Con este ejercicio quiero que comprendas la importancia de un solo pensamiento. Con un pensamiento "corrupto" puedes podrir al resto. Debes de ser consciente de todo lo que piensas, sobre todo al principio. Si te levantas de la cama por la mañana y lo primero que dices, ¡que pereza, no quiero salir de la cama! En ese momento ya empiezas el camino cuesta abajo, ya empiezas el proceso descendente, a primera hora del día ya estás tocando fondo. En cambio, si te levantas de la cama, te estiras, sonríes, das gracias a la vida y al nuevo día que te espera lleno de bendiciones, tu espiral asciende. ¿Ves la diferencia? Ahora que ya conoces este aspecto del pensamiento, empieza a ser consciente. Al principio tendrás que dominar cada pensamiento que venga a tu mente, tendrás que ir seleccionando uno a uno, pero con la práctica, verás cómo dejas de tener tantos pensamientos negativos, y también veras como cambiarán las cosas fuera, con una vibración más elevada atraerás más bendiciones a tu vida.

Pruébalo, los principios no fallan, quien falla es la persona, es quien utiliza estas leyes.

Sé cómo te debes de sentir, yo también he estado en la misma situación que tú, sentirte en un callejón sin salida, sin fuerzas, sin ánimos. Perder hasta la esperanza, pero solo es empezar, es ir elevando poco a poco tu energía, es ir cambiando pensamientos, pequeñas creencias, costumbres... Una vez empieces irá cambiando todo tu mundo externo, verás como todo poco a poco se va posicionando. Irás avanzando, pero para todo ello, lo importante es avanzar, empezar, ilusionarte por el cambio y el progreso que vas a iniciar, y ten fe, por mucho que al principio no veas cambios, confía, los tendrás, están en camino. Esos cambios llegan, siempre y cuando no confíes en tu progreso, y no te quedes sentado esperando a que lleguen.

Cuando empecé a "ponerme las pilas", cuando puse como objetivo mi meta y que no había más opciones que esa meta, que no había más variables, ya que tenía claro mi propósito e iba a por él, mi subconsciente junto a mi cuerpo, empezaron a traicionarme. Sin darme golpe alguno, sin torcerme el pie, un día empezó a dolerme tanto que casi no podía caminar. El tener que ir a buscar a mis hijos al colegio era un infierno del dolor que tenía. Pensé, no vas a impedirme que me quede en casa, que no pueda ni ir a buscar a mis hijos, que tenga que estar inmóvil, porque, a ti, querido subconsciente, te dé la gana. Otra persona habría avisado algún familiar, o algún padre del colegio para que recogieran y llevaran a los niños al colegio, incluso otros tendrían la opción de que faltase al cole. Yo no, yo seguía, coja, pero seguía haciendo lo mismo que de costumbre. Cada vez que daba un paso, sentía que no podía avanzar más, que tenía que parar. Mi mente me decía, llama a alguien y que te los baje a casa. A cada paso que daba yo le decía a mi mente, me da igual que me causes dolor, no me importa, yo voy a seguir con mi día a día, no me vas a frenar, no vas a conseguir que tire la toalla porque me causes dolor. A los tres días ya no me dolía, tal como vino se fue, y yo no había dejado nada a medias, ni a un lado por un simple dolor de pie. Pero mi subconsciente no se quedó tranquilo, él no podía permitir que siguiera con mi constancia. A los pocos días empezó a dolerme la mano derecha, soy diestra, escribo cada día en el ordenador. Cuando de la nada empezó a dolerme la mano, sonreí y le dije: querido subconsciente, ya puedes hacer que duela mucho, voy a seguir escribiendo, y haciendo mi día a día como con el dolor del pie. No me vas a coaccionar con dolores, no voy hacer lo que tú quieras. Hasta hace poco era así y no me salieron bien las cosas, ¿porque te voy a seguir haciendo caso? A los dos días, desapareció el dolor.

"Siéntate un rato, recapacita, que es lo que has logrado hasta hoy y que no. Coge la sensación de lo que hoy has logrado y esa emoción ponla al sueño o deseo que todavía no has conseguido. Haz tuyo ese momento, nota como lo tienes, como ya está en tu vida. YA ES TUYO"

PRINCIPIO DEL RITMO

"Todo fluye y refluye; todo tiene sus períodos de avance y retroceso, todo asciende y desciende; todo se mueve como un péndulo; la medida de su movimiento hacia la derecha, es la misma que la de su movimiento hacia la izquierda; el ritmo es la compensación."

Esta ley o principio va unido al principio de polaridad, así que vamos a repasar la ley que te explicado en las páginas anteriores y a la vez vamos a unirla con el RITMO, así también nos ayudará a entender el movimiento que tienen las cosas y/o situaciones.

Debemos entender que todo tiene su ritmo (de gestación), su velocidad. Cada situación o cada meta tiene sus avances y retrocesos.

Muchas veces emprendemos un proyecto, todo empieza a avanzar y cuando menos te lo esperas se frena. En ese momento normalmente desesperamos, ya que no vemos un avance, pensamos que ya no va bien la cosa o que nos hemos equivocado en algo. Realmente lo que pasa es que actúa la ley del ritmo, normalmente avanzamos 5 pasos y damos dos para atrás, volvemos a avanzar 4 y retrocedemos 2.

¿Qué pasa cuando nos sucede esto?

Normalmente desesperamos, ponemos demasiado potencial excesivo para que funcione y activamos la ley del péndulo y las fuerzas equiponderantes empiezan a trabajar, empiezan a hacer el efecto contrario del que deseamos.

Recordatorio:

Imagina un péndulo. tiene dos extremos, en uno encontramos la felicidad y en otro la tristeza. Éste péndulo va oscilando de un lado a otro, según las fuerzas equiponderantes, según la intensidad que le pongas y la emoción, va a un lado o a otro, por esa razón cuando estamos muy tristes, llorando durante todo el día, estas tan cerca del extremo de la tristeza que el péndulo coge impulso y se va a la felicidad. Por eso muchas veces aconsejo que cuando estás triste y tienes ganas de llorar, llora, suéltalo todo, cuando menos te lo esperes volverás a estar en el extremo de la felicidad.

También debes de tener en cuenta que cuando estas en el extremo máximo de la felicidad, este impulso del péndulo te puede llevar a la tristeza. Debes intentar mantener estable ese péndulo, esas fuerzas equiponderantes.

¿Cuántas veces has planeado ir al campo a pasear o a la playa y justamente ese día que más te apetece, ese día que tantas ganas tenías, ha llovido o ha pasado algo que ha hecho que no pudieras ir?

En muchas otras ocasiones hemos podido hacer nuestros planes, pero ese día que tanto te hacía falta, han trabajado esas fuerzas equiponderantes que han llevado a esa situación no poder ir.

Para poder llevar mejor este principio, ya que es uno de los más importantes y a su vez difíciles de utilizar, debes aprender a neutralizar sus efectos, ya que no se puede impedir que opere igual que tampoco se puede anular, la oscilación pendular es evidente por doquiera, no hay un reposo absoluto ni cesación de movimientos. Siempre existe la oscilación rítmica de un lado hacia el otro.

Debes aprender a verte en el punto donde deseas quedarte. Si quieres esa felicidad tienes que visualizarte en ese punto, y trabajar mentalmente para no moverte de ese estado. Te vendrán situaciones que intentarán moverte de un lado a otro, para llevarte a la tristeza, que este movimiento a su vez te llevará a la felicidad máxima, pero que a su vez te volverá a llevar a la tristeza, así continuamente. Por esa razón debes intentar mantenerte en el punto donde deseas, será más sencillo poder conseguir el estado que deseas.

¿Cómo poder trabajar mejor este principio?

Todos tenemos dos planos generales de consciencia, por un lado, tenemos el inferior y el superior.

En el plano general de consciencia inferior, trabajas con el subconsciente, ya que este se deja llevar por las creencias, emociones y todo aquello que nos limita, por mucho que nosotros seamos conscientes de nuestra realidad o de algo que estemos haciendo en un momento determinado, el subconsciente sigue trabajando, sigue sintiendo las mismas cosas que te hicieron oscilar el péndulo en su día. En cambio, cuando aprendes a trabajar en el plano superior, no dejas que influya este principio y por lo tanto te puedes quedar en el punto deseado.

LA MEDIDA DE LA OSCILACIÓN HACIA LA DERECHA ES LA MISMA QUE LA DE LA OSCILACIÓN HACIA LA IZQUIERDA; EL RITMO ES LA COMPENSACIÓN.

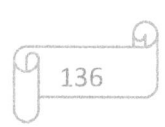

Cuando estás en un estado de tristeza absoluta, lo ves todo gris, la oscilación ha sido tan fuerte hacia un extremo, que cuando vaya al sentido contrario llegar a un estado absoluto de felicidad. Cuando has pasado tantos desafíos en la vida, cuando has tenido mucha carencia económica, cuando el amor nunca te a ido bien, cuando las relaciones con las amistades han sido devastadoras o simplemente no has tenido y te has sentido muy solo, tienes que saber que cuando oscile hacia el sentido contrario, vas a tener una abundancia en todos los aspectos.

Como me pasó con el amor, encontraba personas que me hacían daño, me engañaban... Cuando yo dije basta y di mi salto cuántico en ese aspecto, también decidí cambiar de "patrón" quise dejar atrás todas aquellas personas con comportamientos que solo me dañaban.

En ese momento el péndulo empezó a oscilar hacia el otro lado, sin ser yo consciente, ya que en aquellos años no sabía todo lo que hoy sé. Al tomar acción y no querer más de lo mismo, al haber hecho algo diferente aprovechando ese salto cuántico junto a la oscilación del péndulo, encontré a ese chico con el que siempre había soñado, esa persona que me respetaba y lo daba todo por mí, pero sobre todo a esa persona que me quería tal y como soy, con la que podía ser yo misma, a esa persona que siempre me ha motivado a conseguir todas mis metas cuando el subconsciente me quería traicionar.

LOS CICLOS

Las situaciones nacen, crecen y mueren, pero lo más importante es que vuelven a renacer. Se podría comparar con las estaciones del año. En primavera, plantas el fruto que quieres cosechar, en verano lo cuidas para que éste te dé el fruto que has plantado. Recoges el fruto en otoño y cuando vuelve el invierno vuelves a preparar el campo, a elegir que semilla quieres plantar, te cultivas para poder preparar en primavera de nuevo la plantación.

Si ahora sientes que estás en una situación incómoda en cualquier aspecto de tu vida, todo es pasajero, todo tiene su ciclo y en cualquier momento puede cambiar y renacer algo muy bueno, algo fantástico. Lo único que debes hacer es reinventar la misma situación cambiando los matices que no te gustan.

Las circunstancias o situaciones tienen el mismo flujo que la vida, en el siguiente dibujo te lo explico.

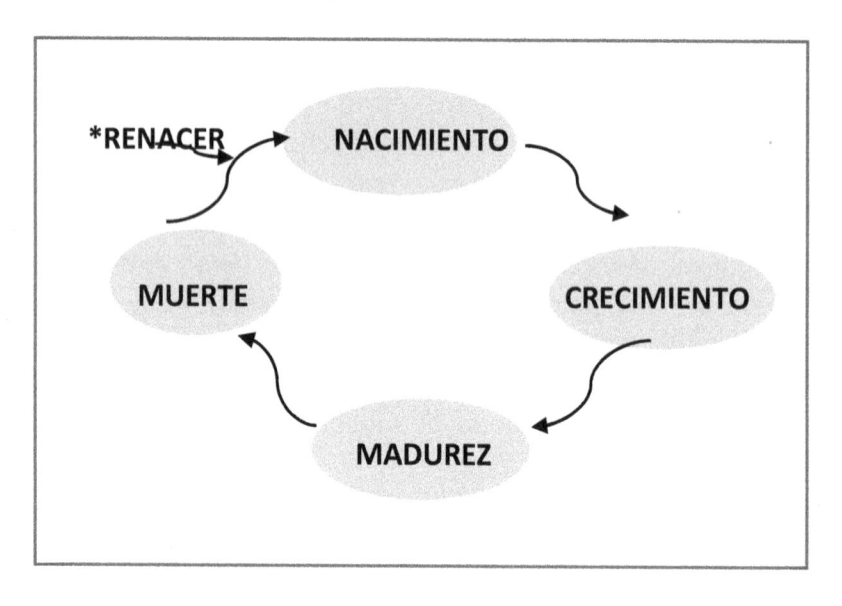

*RENACER → NACIMIENTO → CRECIMIENTO → MADUREZ → MUERTE

Tenemos el nacimiento de un producto en nuestro negocio o alguna situación en nuestra vida. Vamos alimentándolo y va creciendo. Si es un producto, empieza a ser más "popular" si es una situación entonces empieza a ser más fuerte o dominante.

La madurez de un producto es cuando este te da muchos ingresos, tiene muy buenas ventas, pero tienes que tener cuidado.

El siguiente paso es la muerte o vejez, entonces ese producto ya está en declive, ya no es "popular" ya no te da los beneficios que te daba antes. Y lo mismo pasa con las situaciones, aunque en este caso ese beneficio puede ser bueno o malo.

Tanto en un producto como en una situación puede tener un renacer, puedes sacar a la venta un coche y en el momento en el que está entrando en su etapa de declive, lo vuelves a sacar a la venta con un alerón último modelo, o modificas algo en el motor que le hace ganar más caballos de potencia. En las situaciones o circunstancias igual, si es una situación que te desagrada, deja que muera o haz que tenga un renacer modificando esa situación a tu antojo para que tenga un nacimiento y una vida como la que tu deseas. Si es una situación que no quieres, haz que no tenga interés, que muera pronto, no le prestes atención, si no "compras muchos productos de esa situación" morirá con rapidez. Y a la hora de crear (nacimiento) otra nueva situación hazla o créala según tus intereses. Todo lo puedes crear para que te sea beneficioso, todo está creado para ti, para que seas feliz o aprendas. Pero si te has cansado de aprender y crees que la lección ya la sabes de sobras, solo te queda la opción de crear para tu beneficio, para ser feliz, tener dinero, amor o relaciones extraordinarias.

Recuerda que de ti depende todo, cada ficha que muevas en el ajedrez de tu vida puede jugar a favor o en contra. Recuerda proteger al rey (tú), y con el resto ves moviendo ficha (creando).

CREA y disfruta del proceso, la felicidad no viene de la meta, la felicidad se consigue en el progreso.

Ten en cuenta que, cuando estés feliz por estar cerca de tu sueño o por tener lo que quieres, siempre vendrá la fuerza contraria. Las fuerzas equiponderantes actuaran para equilibrar la situación. Así que, como ahora ya sabes cómo funciona esto, no dejarás que estas fuerzas te hundan al llegar a tener lo que tanto has trabajado para conseguir. El ritmo siempre es la compensación, el flujo y reflujo, la compensación, la oscilación del péndulo que te he comentado en el capítulo de la ley de la polaridad.

Para eludir sus efectos, existe la ley de la neutralización, ya que este principio no podemos hacer que deje de existir, sí que podemos trabajar para poder controlar esta fuerza y así eludir sus efectos hasta un cierto grado.

Si quieres conseguir esta compensación, debes de saber polarizarte en el punto que deseas quedarte, dicho de otra manera, poner tú donde está el punto medio de la oscilación del péndulo. Con el siguiente dibujo lo entenderás mejor. La mejor manera es como te he explicado, neutralizar y plantarse en el grado que quieres estar, pero para empezar a dominar la técnica, te sugiero que primero empieces por cambiar de lugar el punto medio del grado de oscilación.

Ésta sería la forma natural de los dos polos, con el espacio necesario para la oscilación y con el punto medio de esta.

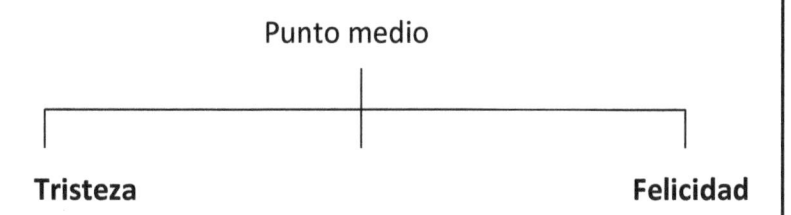

```
                    Punto medio
                         |
    ┌────────────────────┼────────────────────┐
  Tristeza                                 Felicidad
```

Si trabajas mentalmente esta ley y te pones como punto medio una distancia más cercana a la felicidad, la oscilación del péndulo cambiará.

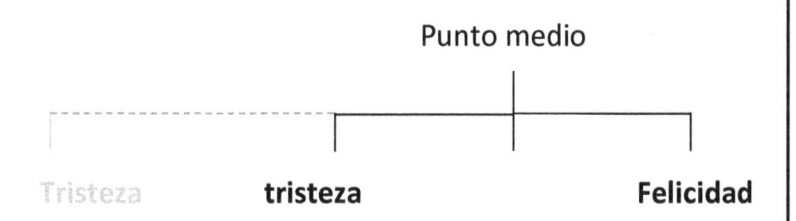

```
                              Punto medio
                                   |
    ┌─ ─ ─ ─ ─ ─ ─ ─ ─ ─ ─┌────────┼──────────┐
  Tristeza              tristeza           Felicidad
```

Como puedes ver en el grafico anterior, al mover tu punto medio de oscilación, acercar mentalmente tu estado medio más cerca de la felicidad, en este caso, así puedes controlar la oscilación y a su vez, poder estar más cerca del estado deseado.

En el momento en que empieces a controlar esta fuerza, verás cómo, las oscilaciones de las fuerzas equiponderantes son más controlables, el grado no será tan fuerte y las consecuencias para ti tampoco. Así podrás controlar más fácilmente tus pensamientos negativos.

Sabiendo esto, ya solo te queda ser consciente que, cuando estés en el grado máximo de felicidad, estas fuerzas intentarán llevarte al grado contrario, como en el primer gráfico, pero al ser consciente de que tu punto medio de oscilación ha variado, el cuadro dos, no será tan fuerte esa fuerza y no te llevará tan lejos del punto en el que estés en ese momento.

Una vez llegados a este punto, ya sabes porque cuando mejor te van las cosas, de repente todo cambia. Ahora lo puedes aplicar de otra manera para darte cuenta como pasa también con tus sueños y miedos.

Deseas llegar a ese punto con tantas ganas, que lo que haces es ponerle tanta intención, le das tanta importancia, que el péndulo junto a las fuerzas equiponderantes, hacen que se vaya al lado donde están tus peores pesadillas, tus miedos. Ya sabes cómo trabajar esto, así que ahora cuando vayas a por tus sueños, no debes dejar que estos se vayan a tus pesadillas. Trabaja las fuerzas equiponderantes.

CURIOSIDAD

A muchas personas les gusta el café o las bebidas energéticas, en muchas ocasiones lo toman para disfrutarlo, pero en muchas otras lo utilizan para darse un "chute" de energía. Cuando le introduces al cuerpo un estimulante, éste intenta mantener el equilibrio y te lleva al efecto contrario al que deseabas. Esto se llama HOMEOSTASIS, el cuerpo intenta mantener su propio equilibrio. Es algo así como, las fuerzas equiponderantes, la oscilación del péndulo y todo lo explicado anteriormente.

Ya has visto, como pasa fuera, en las leyes del Universo, también pasa dentro. Puedes darte cuenta de lo que repito más de una vez. COMO ES DENTRO ES FUERA Y COMO ES FUERA ES DENTRO.

MÁS ALLÁ DE LO QUE VES

Antes de continuar vamos a volver a leer el decreto. Ponte la mano en el corazón y lee:

SOY TRIUNFADOR/A, TODO LO QUE ME PROPONGO LO CONSIGO, POR MUCHAS PIEDRAS QUE HAYA EN MI CAMINO CONSIGO ESQUIVARLAS Y APRENDER DE ELLAS.

MIRO ATRÁS PARA COGER IMPLUSO SIN IMPORTAR LO QUE VIVÍ, CENTRÁNDOME EN LO QUE QUIERO VIVIR.

AHORA SE TODO LO QUE MIS OJOS NO VEÍAN, VEO MÁS ALLÁ DE LO QUE VEN Y HAGO REALIDAD TODOS MIS SUEÑOS.

ME EMPODERO DÍA A DÍA Y CONSIGO SER UN /UNA

¡¡TRIUNFADOR/A!!

PRINCIPIO DE CAUSA Y EFECTO

Cuando éramos pequeños, cuantas veces nos han dicho: Te has portado mal pues como consecuencia te castigo, si no haces caso (Causa), habrá un castigo (Efecto). Y en otras ocasiones nos han castigado sin saber por qué y hemos estado pensando la causa del castigo. Ésta es una manera muy sencilla de explicarlo, ya que en algún momento u otro todos hemos pasado por alguna experiencia así, sobre todo siendo niños.

En muchas ocasiones digo que las cosas no pasan por casualidad sino por CAUSAlidad. Si te toca la lotería es porqué anteriormente has comprado un boleto, si no lo compras es imposible que salgas premiado. Así funciona la causa y efecto, todo pasa porqué anteriormente has movido ficha, has hecho algo que te ha llevado a esa "casualidad".

Sin efecto no hay causa, sin causa no hay efecto.

Aplicado en el campo cuántico, en el mentalismo y en el resto de las leyes del Universo, se podría definir bien con el siguiente dibujo.

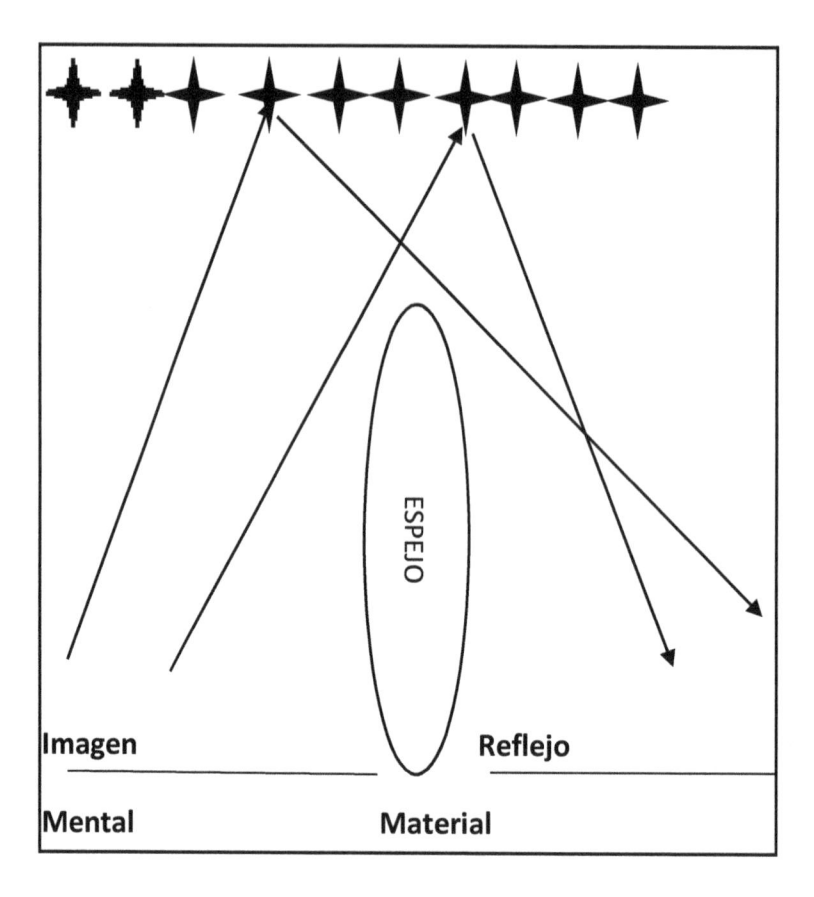

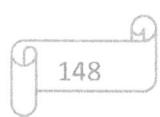

En la imagen podemos apreciar las estrellas que en este caso son las variables que tienes, las opciones que hay en el mundo cuántico para ti. La imagen es tu mente, y con esta seleccionas que es lo que quieres, que variable de todas las que tienes quieres elegir. Una vez la elijes esta pasa a formar parte de tu reflejo, del mundo material y se "hace realidad" en tu vida. Lógicamente esto no es pensarlo y aparecer, todo lleva su tiempo, todo tiene su tiempo de gestación. Según la acción masiva que inviertas y lo comprometido que estés con la variable seleccionada, el tiempo puede ser uno u otro, pero cada creación tiene su tiempo de germinación.

Poniendo el ejemplo de las plantas, tu siembra la semilla, la vas regando (acción masiva), aunque no veas ningún tipo de cambio sigues regando esa semilla, porque sabes que está ahí, sabes que esa semilla necesita agua, tierra fertilizante, abono... Y TIEMPO para que crezca, para que empieces a ver el primer brote verde. Una vez empiezas a ver los brotes que poco a poco van saliendo, sigues regándola. Pero hasta ese punto has tenido que hacer una acción masiva durante un tiempo, sin ver nada, sin ver resultado, pero sabiendo que algún día ibas a mirar y estabas convencido de que encontrarías un brote.

Igual sucede con ese sueño o esa variable seleccionada. Debes hacer acción masiva, debes invertir tu tiempo y energía para que brote, y estando totalmente convencido de que va a salir, de que disfrutaras de ese sueño y de que algún día será un gran árbol que te dará una buena sombra e incluso te dará buenos frutos.

Muchas personas se dejan llevar por las modas, por las multitudes o por la sociedad. Es en ese momento cuando vas en piloto automático, cuando no te das cuenta y dejas de ser tú para ser uno más. Y el efecto de todo esto es que dejas de ir a por tus sueños, para complacer a otras personas o a los que se espera de ti en la vida. Te conviertes en el pasajero del tren de tu vida en vez de ser el conductor. Todo esto produce una causa, que quizá cuando te quieras dar cuenta, ya es demasiado tarde y estés en el bucle de tu vida sin poder salir.

Las cosas no pasan por casualidad, toda ocurrencia tiene su causa y su porqué. Todos los sucesos que tienes en tu vida te llevan a un efecto sobre ésta.

Para poder empezar a encontrar las causas debes de mirar el principio de todo, ir al origen.

creencias-pensamientos -emociones-acciones

CAUSAS

=Resultados

EFECTO

Si cambias una de esas causas verás como el efecto también se modifica y así puedes empezar a ver resultados distintos en cada cosa que hagas.

Por eso insisto mucho en las creencias y en la repolarización. Si no tienes una base firme y sólida, no podrás ser capaz de tener el efecto que deseas.

"Une tu alma y tu mente y crearas milagros, deja que tu alma vaya por un lado y tu mente por otro y no obtendrás nada"

Soraya Reyes Perez

MÁS ALLÁ DE LO QUE VES

PRINCIPIO DE GENERACIÓN

Este principio lo podemos encontrar en cualquier lado, todo tiene su lado femenino y masculino. En el plano físico el género es utilizado para decir si una persona es hombre o mujer, pero si vamos más allá de eso, en planos superiores podemos ver que el principio del género creador, el crea, produce y genera.

Como ya sabemos, cuando una mujer y un hombre "se unen" crean, tienen un bebé. En este caso, en el plano superior, hablamos de la unión de alma y mente, cuando estás dos se unen, se crea algo material.

Mientras escribía LO QUE TUS OJOS NO VEN, todavía no tenía el libro físico entre mis manos, se había puesto de acuerdo mi mente y mi alma para crearlo.

Desde que era bien pequeña, sabía que tenía que escribir algo y era sobre mí. En ese momento mi alma era quien hablaba, era quien estaba en ese proceso, pero hasta que no descubrí mi propósito y decidí ponerme a escribir el libro, no fue hasta ese momento en el que mi mente empezó a trabajar junto a mi alma. Fue justo en ese momento el libro empezó a crearse en el plano superior. Y una vez terminado el trabajo de mi alma y mi mente, se materializó. Lo mandé a imprimir a la imprenta y me llegó por correo. Cuando lo tuve en mis manos era "como otro hijo para mí", pero esta vez era yo el padre y la madre, la creadora única de este milagro que yo había hecho. Fue en ese momento, cuando lo tenía entre mis manos que el libro nació. Quizá no fueron 9 meses de gestación como un embarazo normal, pero tuvo su tiempo, desde que decidí escribirlo hasta que tuve el primer ejemplar.

Desde el primer ejemplar hasta que lo puse a la venta, también tuvo otro tiempo de gestación, ya que me lo leí primero para ver que transmitía, arreglé varios detalles...

_____

TODO LO QUE CREAS TIENE SU TIEMPO DE GESTACIÓN.

_____

Habrá cosas que tardarán más que otras, pero todo tienes su tiempo para crearse.

No es nada mágico, no es nada de aquí y ahora. Es un trabajo diario, es un esfuerzo por parte de tu mente.

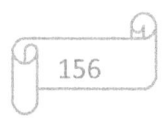

Piensa que tu alma ya hace tiempo que se ha puesto a crear, pero hasta que tu mente no empieza y continua sin parar hasta que lo consigue, no se crea en el mundo material. No es cuestión de tener una barita mágica, pedirlo y ¡ala!, lo tienes delante.

Así no funcionan las leyes como has podido ver y comprobar.

Vamos a analizar la palabra género.

Partimos de la base que la palabra género proviene del latín que significa: concebir, generar, crear, procrear... Como podemos ver esa palabra tiene un significado más amplio que el que le damos normalmente, no solo es procrear en la especie y sexo masculino o femenino, también es crear algo (situación u objeto, por ejemplo).

Así que todo, cada una de las situaciones que nos envuelven, tiene su punto de generación, para poder crear algo debe de estar la mente y el corazón, el pensamiento y el alma, el plano terrenal/ material junto con el plano espiritual/metafísico.

Con esto partimos de que para crear nuestros sueños debemos de unir alma y mente (pensamiento) ya que si el alma y el pensamiento van por separado es como si juegas al juego de la cuerda. Cada uno tira del extremo contrario y no lleva a ningún lugar. En cambio, si unes las fuerzas y pones a trabajar a la vez el alma y la mente hacía el mismo punto, centras o focalizas toda la energía para él, junto con acción masiva, serás capaz de generar, de crear algo maravilloso. Tendrás una creación tuya, única. Tu alma y tu mente deben de ser los mejores aliados a la hora de crear en tu vida. Deben ir cogidas de la mano para poder ir hacia el mismo puno, Y para conseguirlo debes de saber qué es lo que anhela tu alma, para que has venido a este mundo. Si eres madre podrás decir, para ser feliz y dar felicidad a mis hijos. Perfecto, pero ¿realmente crees que has nacido para eso? ¿y cuando tus hijos se vayan de casa que harás?

Tienes que tener un propósito único tuyo, TU PROPÓSITO. Debes de tener un sueño por cumplir, unas metas por alcanzar que no solo beneficien a tus hijos, sino a ti y al mayor número de personas posibles.

Cuando una partícula de materia femenina quiere crear nuevas formas de materia o energía, corre a buscar partículas masculinas, y una vez encontrado, la vibración de éstas se vuelven más intensas al estar bajo la influencia de las energías masculinas. De esto sale el resultado de un nuevo átomo. Pasa de ser electricidad en libertad a un átomo con ciertas propiedades.

Lo mismo sucede con nuestro sueño. Cuando nuestra Alma (femenino) tiene un anhelo o un sueño, lanza una energía particular, pero hasta que ésta no se encuentra con la energía masculina de tu mente con el mismo sueño, éstas no hacen la unión y no se manifiesta el deseo. Por eso cuando alma y mente están unidas es cuando se produce la creación.

Imagínate que tu alma te dice que quiere escribir un libro y tu mente te dice que quiere cantar. Lógicamente, si consiguieras alguna de las dos proposiciones, acabarías cantando, ya que la mente va en piloto automático y es la que te guiaría, pero por mucho que tu mente consiguiera llegar a su sueño que es ser cantante nunca te sentirías feliz, ya que dejas a un lado lo que tu alma anhela. En cambio, si tu alma y tu mente apuntan hacia la misma dirección, en ese momento es cuando se une la energía dispersa, se concentra en un punto y se manifiesta.

FISICA Y QUIMICA

Cuantas veces te has sentido atraído o atraída por otra persona, sin importar género, edad… o por el contrario, repudiabas a una persona sin motivo aparente. En esa actitud tuya también tienen que ver los átomos de las dos personas, la energía que estos son formados y la reacción física que se libera entre tus átomos y los de la otra persona. Ahora abre más la mente, que es de lo que se trata este libro, no solo las personas se sienten atraídas de una manera o repudiadas de otras, también todo lo que hay en el Universo tienen esta reacción. Hay cuerpos en el Universo, que tienden ir unos hacia los otros.

GÉNERO MENTAL

Después de hablar del género como creación, también debo añadir el género mental.

Como ya hemos escuchado muchas veces, tenemos dos tipos de mente, la objetiva la subjetiva , que sería lo mismo que consciente y subconsciente, voluntaria e involuntaria, mente activa o mente pasiva. La mente también tiene su lado femenino o positivo y su lado masculino o negativo. El lado negativo es el masculino, pero no porque sea malo, sin el negativo no se crearía o se conduciría la creación.

Sigamos con la dualidad mental, el principio masculino sería lo que hemos nombrado por mente objetiva, consciente, voluntaria o activa y por otro lado está el principio femenino que sería la mente subjetiva, el subconsciente, la mente involuntaria o pasiva.

Si trabajas las dos mentes, unes el positivo con el negativo, vuelves a crear. Creas un propósito que se manifestara en el lado físico. Si por el contrario, tu lado femenino te dice a base de creencias que no puedes, que eso no está hecho para ti, que cuesta ganar dinero, que el amor duele... Y por otro lado, la parte masculina te dice que es una buena oportunidad para ganar dinero, para triunfar en el amor... No llegarás hacerlo, ya que la femenina predomina sobre la masculina. Como ya te he dicho antes, la mente actúa en piloto automático, y quien guía ese piloto son las creencias inculcadas, el subconsciente, tu lado femenino del género mental.

Entonces con esta ley se entiende que, si hay unión de lo femenino y masculino significa que hay creación. Si empiezas a trabajar por las creencias y con este trabajo haces que se una la mente masculina con la femenina, lograrás que tu mente pueda crear. Una vez hecho esto, si unes Alma (femenino) con mente (masculino), y al trabajar la unión del mundo físico y cuántico, todo y repito TODO lo que te propongas podrás lograrlo. Al trabajar con el lado femenino y masculino y utilizando el resto de leyes explicadas anteriormente, serás capaz de concebir el fruto de tu mente y tu alma.

OTRAS GRANDES LEYES

A pesar de todas las leyes tan importantes explicadas en las páginas anteriores, también debes tener en cuenta estas que te voy a explicar a continuación, no son menos importantes que el resto, también tienen un gran potencial para llegar a tu sueño o para no poder alcanzarlo, según como las apliques.

LA LEY DE LA RESISTENCIA

Vamos a empezar por **la ley de la resistencia.**

Cuando era niña tenía miedo a los perros. Me gustaba verlos de lejos, pero no podía soportar verlos cerca de mí, me daban pánico. Un día vi a lo lejos un perro grande, muy bonito, y me puse a mirarlo, incluso me agaché como si le fuese a dar comida. En aquel momento el perro se vino directo hacia mí y yo empecé a correr. Como era lógico el perro empezó a perseguirme hasta que mi padre me cogió en brazos. Ahora resulta una anécdota graciosa, y más cuando recuerdo el momento y mis gritos. Pero en ese momento estaba utilizando esta ley sin darme cuenta. Yo no quería atraer aquel perro, inconscientemente claro, y lo atraje. Una vez estaba a mi lado yo me resistía a ello y por eso me puse a correr, me quería alejar de él, pero éste más me seguía. Acabé agotada intentando huir de aquello que no quería. Puse resistencia, en vez de no prestarle atención.

Esta ley va unida a la ley de la atracción, si no deseas algo y te centras en lo que no deseas, lo atraerás y contra más diga que no lo quieres, más se quedará en tu vida.

Cuando dices no quiero que me despidan del trabajo, acabas atrayendo ese despido. Cuando dices no quiero más deudas, estas vienen hacia ti.

Cuando estás con el ordenador, no tienes la opción de no meterte en un programa, si quieres entrar en un le das clik y ya estás dentro. Lo que no puedes pretender es hacer clik para entrar a ese programa y que no entre. El Universo funciona igual. No puedes decir "NO QUIERO" y después luchar contra ello.

Si tienes algo en tu vida que no quieres, lo primero que debes de hacer es no resistirte a ello, no prestarle atención, dejar que fluya (al soltar eso que no quieres liberas la energía que le estás dando) y que desaparezca de la misma manera que entró en tu vida. Donde pones tu atención allí va el foco y la energía.

NUNCA TE RESISTAS AL FRACASO. CENTRATE EN ATRAER AQUELLO QUE MÁS DESEAS A TU VIDA.

Solo tienes que mirar tu pasado para darte cuenta como se manifiesta esta ley. Seguro que tienes más de un ejemplo para explicarme. Si es así no dudes en contarme un ejemplo en sorayareyesperez@gmail.com.

LA LEY DE LA CLARIDAD

En muchas ocasiones tenemos planes para alcanzar el éxito en cualquier aspecto de nuestras vidas, pero no tenemos las cosas claras. Sabemos todo lo que debemos hacer, pero vas picoteando de un lado y del otro sin, realmente, hacer nada.

Esta ley te está diciendo que si quieres alcanzar cualquier tipo de éxito lo que debes hacer es tener los planes bien claros, saber qué es lo que vas a hacer y dónde vas a enfocar la energía para que éste acabe pasando de ser un sueño a ser una realidad. El problema viene cuando no tenemos muy claro que hacer y por donde seguir... En ese momento la energía se estanca, no tienes un foco fijo y no se manifiesta nada, seguidamente viene la frustración y cada vez tienes las cosas menos claras.

Mi consejo es que te traces un "plan de ruta, quizá durante el camino tengas que modificar algo, pero eso no debe de preocuparte, si tienes claridad lo seguirás haciendo bien. Este plan de ruta debe de tener bien claro lo que irás haciendo. Si quieres hacer con tus propias manos una casa, no vas a hacerla y después aprender a poner ladrillos, igual que tampoco irás a comprar las lámparas si todavía no tienes donde ponerlas. Debes de empezar por la base de todo. Si nunca te has dedicado a la construcción, deberás aprender primero, una vez ya sepas y hayas montado la estructura irás a por el interior y cuando este ya esté terminado ya podrás dedicarte a la decoración. Todo tiene su momento, no te disperses con todo lo que tienes que hacer, céntrate solo en una cosa, focalízate en ello y ves peldaño a peldaño. Cuando tienes tu plan de ruta bien trazado y tomas decisiones firmes, estas te sacan del estancamiento y todo empieza a fluir.

Imagínate que yo me hubiera dispersado y en vez de escribir primero el libro hubiera echo primero el marketing, la portada, presentaciones del libro, ponerlo a la venta en Amazon o en mi web http://www.sorayareyesperez.com, no tendría ningún sentido, es más, ahora no lo tendrías entre tus manos, igual que tampoco estaría escrito el primer tomo de la saga LO QUE TUS OJOS NO VEN. Todo tiene su momento, pero lo que si debes de tener en todo momento es la claridad de lo que vas a hacer y de dónde quieres llegar. Una vez hayas llegado ya te plantearás si quieres seguir avanzando o no, pero hasta que no llegues no tienes porqué decidir.

"La palabra decidir significa cortar. Al decidir una opción, cortas con el resto de opciones y te centras solo en esta."

TOMA DECISIONES, SE CLARO Y VES A POR ELLO. NO TIENES MÁS OPCIÓN QUE IR A POR TU SUEÑO.

LA LEY DE LA INTENCIÓN

De pequeña quería ser cantante, escritora, profesora, psicóloga... QUERÍA. Cuando DECIDÍ que iba a escribir mi primer libro y me puse en ello me convertí en escritora. Aunque realmente no quiero ser la mejor escritora del mundo, ya que escribo mis libros como medio para que te llegue todos los métodos que he utilizado durante mi vida para conseguir todo lo que me he propuesto y así tú puedas hacer la transformación también en tu vida, y sobre todo, no los escribo como entretenimiento. Yo no quiero ser la mejor escritora del mundo, quiero que mis libros sean best sellers, así significará que estoy ayudando a cambiar muchas vidas. Te explico esto para que te des cuenta de cómo cambian los conceptos. De pequeña quería ser muchas cosas, en el momento en que dejé de querer y decidí ser algo, lo conseguí. Esa es la gran diferencia. Tú puedes querer muchas cosas, quizás quieres un plato de macarrones y eso no significará que te quieras o vayas a ser un macarrón. Como ya te he dicho antes, donde pones la intención pones el foco y allí es donde va la energía. Si te centras en que quieres, solo quieres, en el momento en que decides serlo, toda tu energía, pensamientos, tiempo y amor van destinados a tu decisión.

Una intención es como una flecha en el aire, nada puede desviarla de su curso. Así que apunta con cuidado.

Diana Cooper

EL AGRADECIMIENTO

Cuando te sientes agradecido con la vida, le das gracias al Universo de corazón, te das cuenta que todo se te devuelve con creces.

El agradecimiento por el aire que respiras, por el sol que sale cada día, por las lluvias que llenan nuestros pantanos, por cada una de las cosas que no sueles apreciar durante el día a día, te hacen ver que las cosas materiales que posees también son cosas que agradecer.

Normalmente no agradecemos nada de lo que tenemos ya que pensamos que es solo por nuestro esfuerzo que las tenemos, pero la vida igual que muchas veces te da, también te puede quitar.

Pongamos que vives bien, en tu casa, ya puede ser de alquiler o de compra, pagas facturas sin problemas, aunque tampoco te queda una gran cantidad de dinero a final de mes para ahorrar, ya que vas teniendo gastos extras de los coches, impuestos....

Un día el casero, (o el banco en caso de hipoteca) te dice que el precio del alquiler lo va a subir una cantidad moderada, pero que para ti supone un gran esfuerzo, ya que quizá eso te supone no poder llegar a pagar las facturas o hacer frente a los gastos improvistos del día a día. Esa casa en la que vives, en la que te sientes cómodo, en la que esperabas estar más tiempo, parece ser que ya se sale de tus posibilidades. Empiezas a mirar cómo van los alquileres y te das cuenta que es una barbaridad, pero ya no solo por el alquiler, sino por la fianza que debes de dar, porque incluso muchos propietarios te hacen hacer un seguro por si dejas de pagar alguna cuota.

En ningún momento agradeciste de corazón el poder estar en esa casa, y disfrutar de todo lo que tenías, pero en ese momento, cuando te ves en la situación que te he explicado, te das cuenta de lo bien que estabas y volverías atrás porque, un poco tarde, pero te sientes agradecido de lo bien que estabas antes de la situación planteada.

Entonces, ¿Por qué no agradeces todo lo que tienes ahora antes de que te puedas arrepentir?

El Universo muchas veces te pone situaciones delante para que te des cuenta de lo que tenías, para que aprendas la ley de la gratitud. Si no te sientes agradecido es porque no lo valoras o incluso porque no lo necesitas, entonces el Universo te lo quita, sin importar lo que sea. Así que con esta última ley te quiero decir que agradezcas todo, cada una de las situaciones que tengas, ya san buenas o malas. Agradece todo lo que has vivido en la vida y todo lo que vivirás. Sin lo vivido no serías quien eres y sin lo que vivirás no tendrías una fuente de impulso para hacer el cambio justamente ahora.

RESILIENCIA

¿Por qué me pasa todo a mí?

Todo lo malo me pasa a mí, después de esto no creo que levante cabeza.

Estas frases son las típicas frases de una persona víctima de sus circunstancias, y con un nivel bajo de resiliencia.

Después de todo lo que te he explicado en este libro, ya comprendes más las leyes del Universo y por qué te han pasado ciertas cosas en tu vida y el motivo de encontrarte en el punto dónde estás ahora.

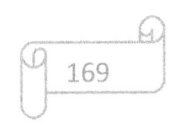

Con este capítulo quiero que termines de poner la guinda en el pastel. Quiero que comprendas que la vida no es dura, sino que a veces atravesamos momentos difíciles. Ser RESILIENTE, significa ser una persona que se adapta a las circunstancias que se le presentan ante cualquier situación. A continuación, te voy a explicar más profundamente el concepto de ser resiliente y cualidades que tienen este tipo de personas. Si a día de hoy no eres una persona resiliente, no te preocupes, puedes trabajar para lograr serlo.

Así que podemos decir que cuando eres resiliente, tienes la capacidad de ser flexible ante cualquier situación que se te presente en tu vida, sobre ponerte a ella, ya sea una separación, la muerte de un familiar, un cambio brusco en tu vida… Gracias a ser una persona resiliente, podemos salir fortalecidos de una situación, que en cualquier otro caso nos destruiría o nos hundiría emocionalmente y a su vez nuestra vida perdería todo el sentido.

Para ser una persona resiliente debemos restructurar nuestros recursos psicológicos en función de las nuevas circunstancias que te presente la vida y nuestras necesidades, hay que tener una buena adaptación al cambio. En muchas ocasiones, de primeras te puede echar atrás una nueva situación, pero debes de aprender a adaptarte a todo lo nuevo que te presente la vida. Si te mantienes siempre en tu zona de confort, no serás capaz de salir de esta y conocer una nueva vida, que seguro que es mucho mejor de la que hoy tienes. Si fuese una vida ideal no estarías leyendo este libro y mucho menos estas líneas.

Con cada situación "desagradable" que tengas, intenta ir un paso más allá de lo que estás habituado a hacer y utiliza cada situación para crecer al máximo y desarrollar el potencial que ésta te hace sacar.

NO EXSISTE UNA VIDA DURA, SINO MOMENTOS DIFICILES.

Ser resiliente no es una cualidad innata, es decir, no nacemos con esta capacidad, pero si que la podemos ir adquiriendo a base de practicarla. Hay personas que son más propensas a tener este tipo de cualidad porque lo ha podido ver en el ejemplo de sus padres (creencias adquiridas) o por que ha ido adaptándose a las circunstancias que se han presentado en su día a día. Todos y repito TODOS, podemos desarrollarla, simplemente debes aprender a afrontar las cosas, a no dejarte doblegar por mucho viento que haga allí afuera.

A continuación, te voy a poner unas características de las personas resilientes.

Las personas que practican la resiliencia actúan de la siguiente manera:

1. Cuando una persona pasa por situaciones en las que necesitan ayuda, éstas la buscan al igual que son conscientes de que en situaciones necesitan el apoyo de otras personas

2. Son personas con alto potencial creativo. ¿Tienen un bote de cristal rodando por casa? Le enganchan unas pegatinas de decoración y lo hacen porta vela o florero.

3. Confían en sus capacidades. Son personas que saben cuál es su limitación y su máximo potencial. Así pueden explotar al máximo todas sus cualidades y a su vez confían en sus capacidades.

4. De cada dificultad que se presenta en su vida ven el lado "bueno" que ésta le aporta y aprenden de ello. Como ya te he dicho en muchas ocasiones, con todo lo "malo" que nos toca vivir podemos sacar muchos aprendizajes que estos nos ayudarán a crecer como personas.

5. Son objetivos, pero siempre con optimismo. Partimos de la base que ser objetivo es ver las cosas desde un punto de vista externo, que no afecte ni tus pensamientos, emociones ni creencias sobre ésta. Observan las situaciones objeti- vamente, pero también siendo conscientes de todas sus capacidades y limitaciones.

6. No intentan controlar las situaciones. En muchas ocasiones intentamos controlar todo aquello que pasa en nuestro entorno y debo decirte que eso es agotador. No puedes controlarlo todo ya que hay muchas cosas que no dependen de uno mismo, sin embargo, sí que puedes aprender a controlar las emociones como una persona resiliente. Hacer que cada situación que no has controlado te afecte de la mejor manera posible.

7. Tienen grandes objetivos y van a por ellos. Tienen sus sueños, y al ser resilientes son capaces de adaptarse a las circunstancias que aparezcan durante el camino a su propósito.

8. Sacan el humor delante de cualquier adversidad. Si te has cruzado con una adversidad, ¿No es mejor ver el lado positivo de esta? Ya que te has cruzado con ella, saca el humor y aprende la lección, te aseguro que será más llevadero el camino.

9. Se adaptan a los cambios. Son flexibles a todas las circunstancias que se le presenten. Se adaptan a los cambios y hacen que estos cambios se adapten a sus sueños.

10. ¿Personas tóxicas? Se rodean de personas positivas que tienen una actitud similar a ellos ante la vida, las personas resilientes no entienden de envidias, celos ni cualquiera de los adjetivos similares a los anteriores. Son personas que crean un gran apoyo entre los suyos.

Ya has podido observar qué, las personas resilientes no son personas especiales con dones especiales de otro planeta. Solo tienen una actitud diferente ante la vida y las situaciones que ésta le presenta. Si quieres ser una persona resiliente, solo tienes que adquirir nuevos hábitos para lograrlo. Solo tienes que practicar delante de cualquier situación de manera diferente a lo que estás acostumbrado hacerlo, si todavía no eres resiliente.

MÁS ALLÁ DE LO QUE VES

Una vez llegados a este punto, antes de empezar a trabajar todo lo que has leído y estudiado en las anteriores páginas, vas a comprometerte contigo mismo.

Vas a firmar un contrato en el cual vas a asegurar que te comprometes a conseguir tu sueño, no importa cuál sea, puede ser encontrar el amor de tu vida, puede ser el trabajo ideal, tener una buena relación con tu entorno... Cualquier cosa que vayas a trabajar a continuación.

Cuando te comprometes, estás adquiriendo la obligación de que trabajarás hasta conseguirlo y que no te redirás, porque no hay más opciones. Si no cumples con lo que tú mismo has acordado, no le fallas a nadie más que a ti, y pienso que no hay peor cosa que fallarse a uno mismo.

En la siguiente página te dejo el contrato que vas a firmar y en el que te comprometes al 100% en que conseguirás todo aquello que te propongas. Si quieres puedes arrancar la hoja y ponerlo a la vista, para que recuerdes que estás comprometido contigo mismo a conseguir todos tus sueños.

MÁS ALLÁ DE LO QUE VES

CONTRATO PARA ALCANZAR MIS SUEÑOS

Yo, _____, me comprometo al **100%** en que haré todo lo que sea necesario para alcanzar mis sueños.

No importa todo lo que tenga que hacer o aprender para conseguirlo, simplemente lo haré, ya que no hay otra opción en mi mente ni en el mundo entero para **ser feliz**.

No voy a poner ninguna excusa, para así, una vez consiga mi **SUEÑO,** podré hacer lo que quiera, tener lo que me plazca y ser quien realmente he venido a ser a este mundo.

Con la firma de este contrato, queda estipulado que mi obligación, mi deber y mi afición junto con mi amor, mi alegría y mi corazón van a trabajar todos juntos para hacer realidad mi divina obsesión. Así podré conseguir el **ÉXITO** al alcanzar mi sueño.

¡CUESTE LO QUE CUESTE LO LOGRARÉ! ¡SERÁ MIO!

En_____, a ___ de _____ de 20__

Firmado:

Para terminar, vamos a volver a leer el decreto. Ponte la mano en el corazón y lee:

SOY TRIUNFADOR/A, TODO LO QUE ME PROPONGO LO CONSIGO, POR MUCHAS PIEDRAS QUE HAYA EN MI CAMINO CONSIGO ESQUIVARLAS Y APRENDER DE ELLAS.

MIRO ATRÁS PARA COGER IMPLUSO SIN IMPORTAR LO QUE VIVÍ, CENTRÁNDOME EN LO QUE QUIERO VIVIR.

AHORA SE TODO LO QUE MIS OJOS NO VEÍAN, VEO MÁS ALLÁ DE LO QUE VEN Y HAGO REALIDAD TODOS MIS SUEÑOS.

ME EMPODERO DÍA A DÍA Y CONSIGO SER UN /UNA

¡¡TRIUNFADOR/A!!

MÁS ALLÁ DE LO QUE VES

SEGUNDA PARTE

PROCESO DE CREACCION

HACER REALIDAD NUESTROS SUEÑOS EJERCITANDO EL CONOCIMIENTO ADQUIRIDO

TRABAJEMOS NUESTROS INICIOS

Cómo has visto durante las paginas anteriores, hay unas leyes que son las que rigen el Universo, la vida de todos. Son complejas, pero con un buen proceso de creación, puedes ser capaz de dirigir tu vida hacía dónde tú quieras. Vamos a hacer acción masiva, esta vez va a ser más mental, pero también debes de hacer acción masiva en el plano material. No servirá de nada que hagas estos ejercicios y que te quedes todo el día sentado mirando a las musarañas. Debes de tomarte este proceso muy enserio, no saltarte ningún ejercicio y verás cómo todo se irá colocando para que eso qué pides, deseas y quieres aparece delante de ti.

NO FALLAN LAS LEYES FALLAN LAS PERSONAS.

Debes de recordar que cuando hay unión de la parte femenina y masculina es cuando se manifiesta la verdadera creación. Así que utiliza la espiritualidad y la ciencia, la mente y el alma, la conciencia y el subconsciente, mundo físico y el mundo cuántico. Haz que de esa unión salga tu sueño.

Esta segunda parte es para crear todo aquello que quieres tener, ser o hacer.

SUELTALO

Lo primero que debes de hacer es quitar toda preocupación, quizá la falta de lo que quieres te puede generar cierto miedo pánico, dolores de cabeza... Suelta todo eso que te preocupa, si no lo haces, lo único que harás es empeorar las cosas, le estás dando más foco y energía a lo que no quieres tener y más atraerás de eso. Al soltar y dejarlo en manos del Universo, haces que la ley de la resistencia se libere y no se enfoque todos tus pensamientos en lo negativo. Haces que las soluciones vengan a ti libremente y tus sentimientos y emociones también cambian. Al soltar te liberas de encontrar la solución y haces que ésta venga a ti. Ya verás cómo cuando empieces a soltar empezará a cambiar, aunque sea un poco, tu situación. Pruébalo, no pierdes nada.

Cuando has tocado fondo solo tienes la opción de subir.

El soltar y la liberación tienen que formar parte de ti.

CLARIDAD

La segunda cosa que te aconsejo que hagas es ser claro. Me explico, si no tienes claridad con lo que quieres, no podrás trabajar con ello y mucho menos atraerlo a ti. Si no tienes claro cuál es tu objetivo, te vas dejando llevar por la marea o por según como tengas el día, no vas a conseguir nada. Ten claro el objetivo que deseas y cuál es el camino de ruta que vas a seguir, una vez en marcha, si hay que cambiar algo de ese camino, ya lo harás si es debido, pero de momento tienes que tener una guía de por dónde debes andar para llegar a tu destino y sobre todo tener tu destino bien claro. Ya te preocuparás más tarde por los detalles, ahora te interesa saber lo que quieres para poner la meta y saber que camino escoger.

Ahora que estás cambiando tus creencias, estás reacondicionando tu mente, antes de trabajar la atracción de tu deseo debes de ser claro, tener claridad.

Debes saber qué es lo que realmente quieres, antes de continuar leyendo, si quieres puedes tomarte un tiempo para recapacitar, para poner en orden tus pensamientos y tener claro cuál es tu propósito de vida o la siguiente meta que quieres alcanzar. Tener claro tu objetivo te ayuda a poner el cartel de meta en un lugar que te motivará durante el camino. El camino ya te irá dando las pistas hacia el siguiente paso, pero la meta los pones tú.

A continuación, te quiero hablar de las 3 A, pero primero vamos a recordar las 3I.

En el primero tomo de la saga, LO QUE TUS OJOS NO VEN, te hablo de las 3 i como pautas a seguir para lograr lo que te propongas (aunque en el anterior tomo de la saga te lo aplico más a tus sentimientos, también sirve para conseguir el resto de cosas que te propongas).

Incontenible: No debes de contenerte por NADA, debes de hacer todo lo que esté en tu mano para conseguir lo que te propongas.

Irreprimible: No dejes que nada ni nadie te reprima, no te deje expandir. Muchas veces pensamos en lo que nos puede reprimir un familiar, un amigo... pero fíjate también lo que te llega a reprimir la sociedad. No dejes que nada de esto te ate a tu situación de ahora, solo átate a tu sueño.

Implacable: o incluso imparable. Por mucho viento que sople fuera debes mantenerte en pie y no parar hasta llegar al punto deseado.

Una vez recordadas las 3 I, ahora quiero introducirte las 3A.

Aplicado: Debes aplicarte a lo que más deseas conseguir. De nada sirve que trabajes las leyes del Universo si después estás todo el día tumbado en el sofá, de cerveza en cerveza en una terraza o rascándote la barriga al sol. Debes de aplicarte y esforzarte por lo que más deseas tener. Tu objetivo debe ser tu sueño y nada ni nadie (tu mente), te puede mover de ahí.

Asertivo: Ten tus ideas claras, mantén tu punto de vista si es lo que verdaderamente sientes, debate con los demás sobre distintos temas, pero ten fuerza cuando se trate de tu sueño, no dejes que nadie te manipule con su forma de pensar. Toda buena idea es bienvenida, pero una idea como sugerencia, no como imposición. Al igual que tú tampoco debes de perder energía por debatir tus ideas, ser asertivo también significa entender y respetar el punto de vista de la otra persona, aunque no tenga razón.

Ambicioso: Ser ambicioso es querer llegar más lejos. Es trabajar en equipo para llegar a conseguir lo que deseas y nunca quedarse quieto, no estancarse. La gente confunde ambición con avaricia. Ser avaricioso es quererlo todo para ti, ser ambicioso es querer conseguir lo que deseas ayudando con tu servicio o producto (pensando en tema negocio). Yo soy una persona con mucha ambición. Quiero ayudar al máximo de personas posibles en todo el planeta para que se sientan realizadas y consigan todo lo que se le propongan. ¿Qué hay de malo en mi ambición? NADA.

Una vez ya asimilados las 3I con el estudio de lo que tus ojos no ven y ahora añadidas las 3A, ya tienes más pautas para seguir tu camino a tu sueño.

Una vez ya liberadas y teniendo claro que es lo que quieres, es cuando podemos empezar a trabajar todo aquello que has leído en las páginas anteriores y los ejercicios prácticos que te explico a continuación.

Si no sueltas esa tensión que te produce la situación de ahora, lo único que crearas es un retraso de todo lo bueno que está por venir. Recuerda que si te resistes lo atraes, así que deja que el Universo se encargue de ello, deja que el "mueva sus hilos o contactos" desde arriba y tu ponte manos a la obra aquí y ahora.

ORGANIZACIÓN

Una buena organización es la base de todo éxito. Apunta en una agenda todo lo que tienes que hacer. Cada día organízate las tareas y todo lo que tienes que hacer durante ese día. Cuando tienes una buena organización es más fácil controlar cualquier imprevisto que pueda haber y es más fácil acordarse de todo lo que tienes que hacer durante el día.

Descarga tu cabeza de información, necesitas espacio para cosas más importantes, como es ahora mismo tu cambio interno y externo, al igual que es importante el camino que debes de tomar para llegar a alcanzar tu sueño.

No te conformes con poco cuando lo puedes tener todo.

DIAS OSCUROS DEL ALMA

Durante tu proceso te pasará, al igual que también pasará mientras vayas caminando hacia tu sueño.

Hay días en los que te levantarás por la mañana y sentirás que no merece tanto esfuerzo conseguir tu sueño, o que no te apetece hacer nada, todo lo verás gris, estarás desmotivado... Es normal, hay días así en los que tendrás que dejar de escuchar a tu mente y deberás escuchar a tu corazón o a tu alma. Yo también tengo días de esos. Solo debes de seguir teniendo fe en el proceso que estás empezando y verás cómo todo se solucionará. Al día siguiente te levantarás y verás que solo tuviste un mal día y que vuelves a tener la motivación necesaria para continuar.

Trabajemos las creencias. Empezamos por el inicio de todos nuestros miedos y barreras.

Pero antes de empezar vamos a hablar de la importancia de hacer deporte. Con esto no te quiero decir que te apuntes al equipo de futbol de tu pueblo ni al de básquet o cualquier otro que se te pase por la cabeza. Cuando digo que empieces a hacer deporte quiero decir que salgas a caminar media hora, que hagas bicicleta estática o te vayas con tu bici a dar un paseo, que hagas yoga... Cualquier cosa que te guste.

Al hacer deporte mueves energía, elevas la vibración, te sientes mejor contigo mismo, al elevar esta energía te hace estar a otra frecuencia, te limpia el cuerpo y te mueves. Recuerda que la energía es una vibración constante, todo vibra y tiene movimiento, aunque tú no lo puedas percibir por los ojos.

A esto también quiero añadir que te hidrates muy bien, no importa si hace frio o calor, si corres o haces yoga. Una buena hidratación hace que el cerebro trabaje mejor, que el agua de tu cuerpo se regenere e incluso que tengas mejor salud.

Es muy importante regenerar toda el agua de tu cuerpo, ya que somos un 80% de agua.

Cómprate una agenda y guarda un espacio cada día para hacer ejercicio, al igual que también apuntarás todas las rutinas de manifestación que más adelante aprenderás. Así podrás llevar un orden de tu vida y lo tendrás todo más organizado.

Antes de continuar con las creencias y re-polarizarlas, quiero que te hagas una pregunta muy sencilla, y la respuesta la escribas siendo totalmente sincero. ¿Quién soy?

_____
_____
_____
_____
_____
_____
_____
_____
_____

Esta pregunta tan sencilla, hay veces que es muy difícil de contestar, ya que no todos saben responder a esta pregunta. Es más fácil saber lo que quieres ser hacer o tener, pero nadie encuentra el momento para pensar quien es en realidad. En muchas ocasiones conoces más la vida de un famoso que la fácil respuesta que te he pedido anteriormente. Tomate tu tiempo para responder la anterior pregunta si realmente no sabes contestar quien eres.

NO te estreses si no encuentras la respuesta rápidamente, lo que debes hacer primero es encontrarte a ti mismo, una vez hecho esto será más fácil contestarla.

Enséñale tu descripción de quien eres a una persona que creas que te conoce bien, y a ver que tiene que objetar con tu lista de adjetivos.

La siguiente pregunta es más sencilla. ¿Quién deseas ser?

No quiero que me describas a una persona famosa, a tu cantante favorito... ¡NO! Lo que quiero es que mires en tu interior y me digas esa persona que deseas ser, esa persona que serás cuando consigas alcanzar tus sueños.

_____
_____
_____
_____
_____
_____
_____
_____
_____
_____

Perfecto, seguro que esto te ha resultado más fácil. Es curioso como sabemos cómo queremos ser, pero no quienes somos ahora mismo.

Ahora sí, continuemos con las creencias.

En el capítulo del mentalismo ya has empezado a practicar la repolarización, ahora vamos a trabajarlas aún más profundamente para la creación de nuestro sueño.

Empieza por el ámbito que más deseas mejorar, aunque los trabajaremos todos.

En la vida tenemos 4 ámbitos PRINCIPALES. EL AMOR, DINERO, SALUD, RELACIONES, FAMILIA, AMIGOS, VIAJES…. Dentro de estos ámbitos podemos hacer divisiones como por ejemplo dentro del dinero podríamos poner caprichos, ocio, etc.

¿Por qué te hago trabajar los cuatro ámbitos si tu solo quieres mejorar uno?

Ya te he hablado que la vida busca un equilibrio, entonces debes de trabajar los cuatro ámbitos a la vez. Debes de equilibrar todo y cada uno de ellos juntos. Seguro que has escuchado más de una vez que, no se puede tener todo en esta vida, es solo una creencia errónea, se puede tener todo en la vida, pero se debe de tener compensado. De qué sirve tener mucho dinero si después no puedes compartirlo con las personas que amas porque no hay nadie en el amor. Vamos a trabajar por igual los cuatro ámbitos para así ir creciendo equilibradamente en todos a la vez.

Vamos a trabajar los 4 principales. Empieza por el primer ámbito, por el que deseas trabajar.

Haz una lista de las cosas que piensas de este ámbito. Si es el amor, quedaría una cosa así.

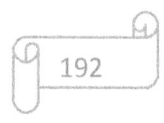

-El amor duele

-Todos los hombres son iguales

-Todos los hombres solo buscan sexo

Este es un ejemplo de alguna creencia sobre el amor, así que ahora empieza con el primer aspecto de tu vida que deseas trabajar. Vamos a empezar.

Ámbito1: _____

Escribe 20 creencias sobre este aspecto.

-
-
-
-
-
-
-
-
-
-

-
-
-
-
-
-
-
-
-
-

Muy bien, ahora quiero que las re-polarices. Pasa éstas creencias de estado.

- -
- -
- -
- -
- -
- -
- -
- -
- -
- -

¡Perfecto!

Ahora vamos a hacer lo mismo con los otros tres ámbitos.

Ámbito2: _____

Escribe 20 creencias sobre éste aspecto.

- -
- -

- -

- -

- -

- -

- -

- -

- -

- -

Muy bien, ahora quiero que las re-polarices. Pasa éstas creencias de estado.

- -

- -

- -

- -

- -

- -

- -

- -

- -

- -

Ámbito3: _____

Escribe 20 creencias sobre éste aspecto.

- -

- -

- -

- -

- -

- -

- -

- -

- -

- -

Muy bien, ahora quiero que las re-polarices. Pasa éstas creencias de estado.

- 	-
- 	-
- 	-
- 	-
- 	-
- 	-
- 	-
- 	-
- 	-
- 	-

Ámbito4: _____

Escribe 20 creencias sobre éste aspecto.

- 	-
- 	-
- 	-

- -

- -

- -

- -

- -

- -

- -

Muy bien, ahora quiero que las re-polarices. Pasa éstas creencias de estado.

- -

- -

- -

- -

- -

- -

- -

- -

- -

- -

Lo has hecho muy bien. Vamos a continuar. Guarda estas creencias, más adelante las vamos a necesitar.

Escribe que situación tienes en cada ámbito de tu vida. Cómo te sientes, que situación te duele o quieres cambiar. Pon emoción y sentimiento.

Ámbito1: _____

_____
_____
_____
_____
_____
_____
_____

Ámbito2: _____

_____
_____
_____
_____
_____
_____
_____

Ámbito3: _____

_____
_____
_____
_____
_____
_____
_____

Ámbito4: _____

_____
_____
_____
_____
_____
_____
_____

AFIRMACIONES

Ahora debes de cambiar esa situación. Todo empieza en tu mente, ya sabes que la mente es creadora, igual que lo es la palabra y el pensamiento, así que al afirmar darás más fuerza a lo que realmente quieres conseguir y no a lo que tienes y no quieres.

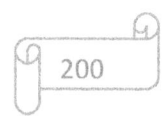

TODOS TENEMOS EL DON O PODER DE DIRIGIR NUESTROS PENSAMIENTOS HACIA CUALQUIER DIRECCIÓN, CUESTE MÁS O CUESTE MENOS, TODOS PODEMOS.

Ahora vas a re-polarizar las situaciones. Vas a escribir como te sentirías si tuvieras el estado deseado en cada situación. Como te sentirías, que es lo que harías, a quien más beneficiaria de tu entorno esta situación ... Pon muchas más emoción y sentimientos que cuando escribiste la situación actual. Siente cada una de las situaciones como si ya fueran tuyas. Escribe convencido de como si lo estuvieras viviendo aquí y ahora.

Ámbito1: _____

_____
_____
_____
_____
_____
_____
_____
_____

Ámbito2: _____

_____
_____
_____
_____
_____
_____
_____
_____
_____

Ámbito3: _____

_____
_____
_____
_____
_____
_____
_____
_____
_____

Ámbito4: _____

_____
_____
_____
_____
_____
_____
_____
_____
_____

Lo estás haciendo muy bien.

Lee todas las creencias re- polarizadas y si alguna te crea algún tipo de conflicto, vuélvela a escribir hasta que no te cree conflicto alguno.

Ahora tenemos las creencias re-polarizadas y las afirmaciones de nuestra situación ideal.

Ahora quiero que trabajes desde el inicio. Hay más ejercicios a continuación, pero vamos a trabajar durante un mes estos que ya hemos hecho. Puedes seguir haciendo los siguientes ejercicios, pero no dejes para el final el audio que viene a continuación. Es un ejercicio muy importante, trabajarás las creencias mientras duermes. Así que adelante.

Verás cómo van cambiando matices.

Cuando yo empecé a utilizar este proceso, no llegué a imaginar el poder que tenía, hasta que empezaron a venir los resultados de mi trabajo constante, en ese momento vi que tenía unas herramientas muy poderosas entre mis manos.

Como ya sabes, durante el día, el 90% de todo lo que hacemos lo domina el subconsciente y solo un 10% hacemos las cosas conscientemente. ¿Nunca te ha pasado que vas conduciendo, llegas a tu destino y no te acuerdas de cómo has hecho la mitad del camino? Ha sido tu subconsciente el que te ha llevado hasta allí.

Como ya te expliqué en el primer volumen de la saga, LO QUE TUS OJOS NO VEN, la meditación es algo muy importante, ayuda a relajar el cuerpo y despeja la mente. Con el cansancio del cuerpo, la mente también se cansa y ésta está agotada de toda la información que entra por los sentidos, más todo nuestro día a día.

Cuando meditaba por las noches siempre me quedaba dormida, sabía que la meditación la terminaba de hacer mi subconsciente, entonces caí en la cuenta de que si era mi subconsciente quien la recibía directamente, pues también podía llegarle otro tipo de información, así que me creé otra herramienta para conseguir trabajar mis creencias, mi autoestima y todo aquello que notaba que tenía que modificar en mí.

AUDIO DE RE-POLARIZACIÓN

Mientras duermes, tu conciencia descansa y en ese momento se activa su subconsciente. Con el audio de re-polarización puedes ir directo a tu subconsciente y trabajarlo de noche mientras duermes. Con todos los ejercicios trabajas mientras estás consciente, durante el día, pero este ejercicio te ayudará a reforzar todo lo del día. Estarás trabajando 24 horas al día. Piensa en la edad que tienes, y verás que vale la pena hacer este ejercicio, cuanto más trabajes las creencias y todo lo que te frena en tu vida, antes podrás conseguir lo que deseas, antes podrás ver los resultados en tu día a día.

En mi canal de youtube (Soraya Reyes Perez) tienes disponibles meditaciones guiadas, cada una tiene su función. Elije la que más se adapte a tus necesidades actuales.

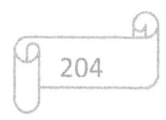

Descarga esa meditación, y quiero que al final le añadas todas las creencias re-polarizadas que trabajaste en el primer apartado de los ejercicios. Hoy en día hay muchos programas a la mano de todos para poder añadir un audio detrás de las meditaciones, no utilices de escusa que no sabes cómo hacerlo. Esa escusa te la pone tu subconsciente para que no empieces el cambio, a él ya le va bien estar así. Pero ya sabes que te está matando la felicidad.

Añade las 20 creencias re- polarizadas de cada ámbito de tu vida. Y cada noche, una vez estés en la cama, empieza con la meditación, disfruta el proceso, verás cómo funciona. Sobre todo, hazlas todas las noches.

Yo empecé a meditar por la noche con las creencias detrás, hasta que pensé que llevaba tantos años con estas creencias que necesitaría muchos años más para poder cambiarlas, así que aceleré el proceso meditando por la mañana a medio día y por la noche. Poco a poco fui viendo ejemplos que confirmaban todas las creencias re-polarizadas que escuchaba después de meditar, poco a poco fui cambiando cada una de esas creencias. Cada día me sentía más fuerte y más convencida de que podía conseguir cualesquiera cosas, que nada me podía retener. Como ya has aprendido durante este libro, todo en la vida necesita un equilibrio. Por esa razón te hago trabajar todos los aspectos de tu vida a la vez, por esa razón hago que los sientas. Sería más sencillo, pero más lento y con menos resultados si los trabajaras poco a poco.

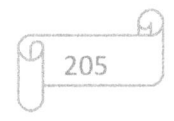

Muy bien, ya has hecho un gran trabajo, lo estás haciendo estupendamente. Ahora creo que toca una gran recompensa. Date un capricho para todo este esfuerzo que estás haciendo. Pero solo te lo puedes dar si estás cumpliendo todos los ejercicios cada día. No vale premiarse por hacer las cosas a medias, debes hacerlo para motivarte al hacerlo todo.

Hasta ahora hemos trabajado las creencias, las hemos re-polarizado y las vamos a introducir en nuestro subconsciente mientras dormimos. Pero no pienses que ya está el trabajo hecho.

Esas creencias hay que trabajarlas durante el día. Lleva la lista de las todas las creencias en el monedero, en la cartera, en el móvil… Y cada dos horas las vas a leer sabiendo que todo lo que has escrito es verdad, que todo lo que lees es cierto y que vas a ver ejemplos que te lo confirmarán.

CREACIÓN DE UN RECUERDO

Estupendo, ahora vamos a crear un recuerdo. Ya sabes que el tiempo y el espacio lo creamos nosotros. Pero en tu alma y en el Universo no existe. Si nos inventamos algo en presente, la mente sabe que es mentira, puede entrar en conflicto todo este proceso, así que vamos a recordar algo que ya ha sucedido con las declaraciones que hiciste en las páginas anteriores.

Las opciones que hay en el mundo cuántico son infinitas, y como en ese plano no existe el tiempo ni el espacio, podemos poner un recuerdo (pasado) para que éstas fuerzas nos pongan la situación deseada en un futuro.

LO QUE TIENES HOY ES EL RESULTADO DE LO QUE PENSASTE AYER

Así que ahora vamos a crear un recuerdo con todas las afirmaciones que hiciste (las positivas), para cambiar el resultado que obtendremos mañana.

Coge cada una de las afirmaciones que tienes y escríbelas como un recuerdo. Recuerda cuando lo obtuviste, a quien se lo contaste, a que olía... Hazlo real, como cuando recuerdas el día que te sacaste el carnet de conducir, el día que aprobaste aquel examen que tanto te preocupaba... Haz un recuerdo tan real que lo sientas tuyo. Hazlo con cada una de las afirmaciones.

Recuerdo ámbito1: _____

_____
_____
_____
_____
_____
_____
_____
_____
_____

Recuerdo ámbito2: _____

_____
_____
_____
_____
_____
_____
_____
_____
_____
_____
_____

Recuerdo ámbito3: _____

_____
_____
_____
_____
_____
_____
_____
_____
_____
_____
_____
_____

Recuerdo ámbito4: _____

_____
_____
_____
_____
_____
_____
_____
_____
_____
_____
_____
_____

Eres una máquina. Si te lo propones puedes conseguirlo TODO.

Vuelve a leer todos los recuerdos, y asegúrate que no te sientes mal con ninguno, que no tienes ningún conflicto al leerlo. Si te crea algún tipo de conflicto o no te convence, vuelve a escribirlo.

Estos recuerdos los leerás y sentirás durante todo el día. Más adelante te haré un horario orientativo para que sepas como crear una rutina de manifestación del deseo.

NUEVAS CONEXIONES NEURONALES

Con las creencias que hemos adquirido desde pequeños, tenemos una serie de conexiones neuronales.

A continuación, te explico cómo funciona el cerebro y los hemisferios.

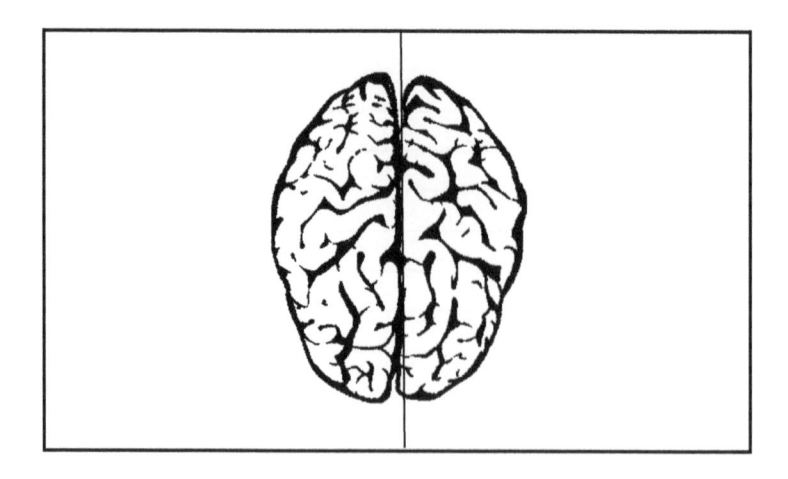

El cerebro se divide en dos hemisferios. Tenemos el hemisferio derecho y el izquierdo.

El hemisferio derecho trabaja más el lado artístico, la música, los colores... Las personas que en sus profesiones o talentos son más artísticos trabajan más con el lado derecho. Los zurdos también utilizan más este hemisferio del cerebro. Éste hemisferio es el que controla la parte izquierda del cuerpo, todos los movimientos que realizas con el lado izquierdo.

El hemisferio izquierdo trabaja más las matemáticas, las lenguas, la comprensión y las emociones. Los diestros utilizan este hemisferio a la hora de escribir. Igual que pasa con el hemisferio derecho, este es el encargado de mover el cuerpo, pero su parte contraria, la derecha. Se puede decir que el cerebro tiene "ordenes cruzadas".

Una persona zurda tiene distintos circuitos cerebrales a una diestra. Con las creencias y patrones pasa lo mismo. Se crean ciertos circuitos cerebrales. Con los cambios de creencias se tienen que crear nuevos, es una de las razones de que sea un proceso lento. Con el siguiente ejercicio vamos a crear nuevos circuitos. Quiero que, en tu libreta o hoja, escribas cada recuerdo positivo creado anteriormente, primero con la mano derecha y después con la izquierda si eres diestro y viceversa si eres zurdo.

Vamos a crear nuevos circuitos neuronales con nuestros recuerdos. Vamos a cambiar nuestra mente y su forma de funcionar.

A este ejercicio también quiero añadir un extra. Cuando te cepilles los dientes hazlo con la mano contraria a la que lo haces, como con la otra mano, ves trabajando el hemisferio que menos utilizas con las tareas del día a día. Ves creando nuevos circuitos con las cosas cotidianas. Es un trabajar sin cesar. Solo tienes que mirar la edad que tienes, esa es la edad que llevas trabajando con una mala programación, ahora tienes que trabajar el doble para cambiarla. Quiero que hagas funcionar al cien por cien todas tus capacidades, que saques partido a todas las herramientas que tienes para ponerlas a trabajar para ti, para crear tu vida y las circunstancias que quieres y mereces de nacimiento.

El pasado ya pasó, el presente es AHORA y el futuro es el resultado de lo que haces en el presente. Si estás pasando por una situación desagradable o dolorosa, no te preguntes por qué te pasa esto a ti, no entres en el rol de víctima. Pregúntate que es lo que hiciste o lo que no hiciste para acabar en la situación que tienes ahora.

Analiza que manera de afrontar la vida y las circunstancias te llevó a esa situación, y que puedes cambiar a día de hoy para mañana no tener la misma circunstancia que te hace daño. Cada decisión que tomes hoy en tu vida, tendrás el resultado mañana o dentro de un mes, pero el resultado se verá reflejado en tu futuro. Sigamos con los ejercicios que harán tu rutina de manifestación.

Hasta ahora has cambiado las creencias de todos los ámbitos de tu vida y has hecho las afirmaciones, el audio de re-polarización y la invención de un recuerdo. El siguiente paso es el Decreto.

EL DECRETO

Un decreto es la decisión de autoridad con respecto a la materia en que tienes competencia. Tu competencia es tu vida, tú tienes la autoridad suficiente como para mandar sobre tu vida,

TÚ ERES LA ÚNICA PERSONA QUE PUEDE DECRETAR SOBRE TI.

No debes de dar el poder a nadie de mandar sobre tu vida. SOLO TÚ tienes ese poder.

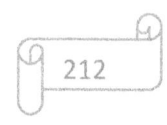

Para empezar con el decreto, vamos a coger las afirmaciones anteriores (las re-polarizadas) y vas a

decretarlas.Hay varias maneras de hacerlo, si dices yo decreto que soy rica, estás ordenando ser rica, así que dices que no lo eres y pones carencia, en cambio, si dices yo merezco ser rica, a tu subconsciente le dices que te lo mereces, y el trabajará para darte lo que mereces. En cambio, si le dices que lo tienes puedes crear un conflicto interno, ya que en tu vida no lo verás manifestado y eso puede causar frustración. La mejor manera para estos casos es recordar como si ya lo tuvieras, decir que estás en proceso o incluso imaginar que ya lo tienes, pero no decirle a tu mente racional e irracional que ya lo eres o lo tienes, porque a la que salgas de estos ejercicios te encontrarás con la misma realidad, y esta te hará bajar la vibración y pensarás que el proceso y las leyes no funcionan. Sí que funcionan, lo que no funcionan somos nosotros, las personas, somos variables, subimos y bajamos de vibración solo con una palabra, no somos comprometidos (a veces), nos saltamos la rutina un día y pensamos que no pasa nada...

Un hombre le dijo a buda
-¡yo quiero felicidad!
Él le contestó:
-Primero retira el "YO", después remueve el "QUIERO", porqué es el deseo. Mira ahora, solo tienes "FELIDIDAD"

~~YO QUIERO~~ FELICIDAD

Ya sabes que existe la ley de la gravedad, del descubridor Isaac Newton decía de la Ley de la Gravitación Universal: que todos los objetos se atraen unos a otros con una fuerza directamente proporcional al producto de sus masas e inversamente proporcional al cuadrado de la distancia que separa sus centros. Dicho de otra manera, en la tierra existe un centro de gravedad, que todos los objetos que son atraídos hacia ella. Si cae una manzana de un árbol, ésta no sube, sino que cae hacia el suelo, hacía el centro de gravedad. Intenta tirar cualquier cosa hacía arriba, de primeras subirá, pero ésta gravedad, le hará bajar.

Esta ley Universal no se puede mover, no se puede cambiar ni modificar, y lo mismo ocurre con las leyes que te he explicado en este libro y que ahora estamos practicando. No puedes hacer que la manzana gravite igual que no puedes hacer que las leyes anteriores se modifiquen.

Dicho todo esto, partimos de la base que las leyes Universales, empezando por la ley de la Gravitación y terminando por las leyes de este libro, no fallan, no se pueden modificar, siempre funcionan, siempre y repito SIEMPRE se cumplen y funcionan. Así que no busques escusas de que este proceso y todo lo explicado aquí no funciona, no dejes que tu mente te sabotee, no dejes que tus miedos se empoderen de ti y mucho menos no dejes de crear bendiciones en tu vida por no saber controlar tus creencias (pensamientos) y tus dos mentes; la subconsciente y la consciente. No dejes que tu mente en vez de protegerte te haga pasar un mal rato o te traicione de esta manera, las escusas las pones tú, igual que también pones las metas y los resultados los recibirás tú y todos los que te rodean. Da un buen ejemplo a tu entorno, a tus hijos, pareja, amigos, sobrinos...

DECRETO DEL RECUERDO

Has trabajado con los recuerdos, ahora quiero que cojas la descripción que escribiste al principio diciendo quien querías ser, las creencias re-polarizadas de los cuatro ámbitos junto con las situaciones re-polarizadas de los cuatro ámbitos. Escribe todo lo que "recordaste" como si ya fuese tuyo y solo recuerdas. Recuerda a quien se lo contabas una vez conseguido todo, a que olía, que se escuchaba

Por ejemplo, después de escribir quien quiero ser pero en recuerdo, la cosa quedaría como quien era y quien soy ahora. Después al coger las creencias y las situaciones que te gustaría tener, quedaría algo así:

"Todavía me acuerdo cuando saqué a la venta mi primer libro, claro, como yo sabía que era capaz, ya que otras personas lo habían conseguido. Se lo conté a mi marido y mientras se lo contaba recuerdo de fondo que mis hijos jugaban y reían. Olía a bosque ya que había llovido, yo estaba en la terraza y me venía el olor del bosque que tengo en frente de mi casa.

Cuando recibí mi primer sueldo, era una gran cantidad, pero no me sorprendió ya que yo sé que merezco eso y mucho más y que soy un imán de buenas oportunidades y de dinero"

Ahora te toca a ti. Escribe tus recuerdos.

MÁS ALLÁ DE LO QUE VES

_____
_____
_____
_____
_____
_____
_____
_____
_____
_____
_____
_____
_____
_____
_____
_____
_____
_____
_____
_____
_____
_____
_____
_____
_____

Ahora tu decreto quedará así.

Acepto mi pasado y mis recuerdos porque (vuelve a escribir tu decreto del recuerdo)

Doy gracias a todo lo que he vivido y a lo que tengo que vivir. Gracias a cada aprendizaje que me ha mandado el Universo y gracias a todos los implicados por hacerme ser la persona quien soy ahora y por ayudarme a hacer realidad todos mis sueños.

¡Perfecto! Lo has hecho muy bien.

Ahora que ya tienes esto, vamos al siguiente paso.

PANEL DE LOGROS

Ahora vas a trabajar la parte más creativa del cerebro. Quiero que, a cada afirmación o recuerdo de cada ámbito, le busques una imagen que lo describa. Si has puesto que tenías un barco, busca una imagen del barco que "ya tienes", y así con cada recuerdo.

Una vez tengas todas las imágenes, haz un panel de logros. En un lugar de tu casa, en una pared que tengas libre y veas a menudo, haz cuatro cuadrados imaginarios y en cada uno de ellos le enganchas las fotos del ámbito correspondiente. Así tendrás un panel con lo que "has conseguido". Hazle fotos, hazlo en algún programa del ordenador... me da igual, pero hazlo. Ten ese panel en el móvil, en la puerta del armario donde está tu ropa, en la mesita de noche, en el espejo del lavabo, ten ese panel en todos lados. Cada vez que lo veas siente la emoción que sentiste cuando conseguiste cada una de las cosas que hay en él. Siente que olías en ese momento, que estabas tocando, con quien compartías tu logro. Tiene que ser real, es un recuerdo.

PREGUNTAS

Nuestra mente es muy puñetera, si le dices que quieres algo, pero que no lo vas a conseguir, ella no hará nada. En cambio, si te preguntas como podrías conseguir lo que quieres, ella no tendrá más remedio que trabajar para traerlo a tu vida. Si pones tu mente a trabajar tendrá que encontrar la solución a tu pregunta y no descansará hasta encontrarla. Haz trabajar a tu mente, hasta el día de hoy está claro que no ha trabajado mucho, así que ahora tiene que recuperar el tiempo perdido.

Así que este ejercicio consta de preguntas. Éstas pueden ser:

- ¿Cómo conseguir X?
- ¿Otras personas lo han conseguido?
- ¿cómo lo lograron las otras personas?

Hazte estas preguntas siempre que quieras ir a por algo. Harás que tu mente trabaje para buscar información o la manera de llegar a ello.

CONEXIONES NEURONALES

Antes ya te he introducido a las conexiones neuronales, y como éstas se crean. Has copiado con las dos manos las afirmaciones de las creencias. Ahora quiero que cojas el decreto del recuerdo y lo escribas con la mano derecha y después con la mano izquierda en tu libreta, vas a hacer que de éste recuerdo tuyo se creen nuevas conexiones neuronales para que así tu mente lo traiga a ti antes.

AUDIO

Igual que te he dicho que con las creencias debes de crear un audio para después de las meditaciones, y así penetrarán en tu subconsciente, ahora quiero que cojas el Decreto del recuerdo y grabes un audio con él. Quiero que trabajes el sentido del oído con el decreto. Hay muchos programas para poder gravar el audio y tenerlo siempre en el móvil para utilizarlo durante el día. Cuando vayas en el coche al trabajo, a comprar o a cualquier otro lado escúchalo. Convierte el recuerdo en algo normal en ti.

Cada vez que lo escuches, siente por dentro la emoción de cuando lo conseguiste. Esa emoción puede ser similar a cuando conseguiste aprobar aquel examen, te sacaste el carnet de conducir o recibiste una buena noticia en el pasado. Pon el mismo sentimiento que en aquel momento y verás como funciona.

VIDEO MÁS AUDIO

Una vez llegados a este punto, ya tienes todo el material necesario para hacer un video con el audio.

Con el ordenador crea un video con las imágenes del panel de logros, debajo de cada imagen escribe la afirmación del recuerdo. Después une un audio donde se escuche el decreto del recuerdo hecho anteriormente.

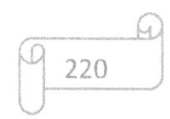

Con este ejercicio estás uniendo el oído con la vista, pero a su vez unes el olfato y el tacto al escuchar el recuerdo.

Con la unión de todos estos ejercicios, Trabajarás tu mente para cambiar todas las malas programaciones. Durante el proceso debes de tener pequeñas sincronizadades, irás viendo cómo van cambiando tus percepciones, tus pensamientos y todo tu entorno. Como ya te he dicho al inicio del libro, debes de leer y hacer los ejercicios durante un año, cada mes, de esta manera lograrás cambiar la programación de tu mene. Una vez llegues al mes doce, si todavía conservas los primeros ejercicios, verás como has cambiado, como ha evolucionado tu mentalidad y como has avanzado.

Si durante el camino de este trabajo, vas consiguiendo algunas de las situaciones deseadas que pusiste en meses anteriores, ves cambiándolas por nuevas situaciones. Siempre tienes que ser ambicioso, así que no me servirá la excusa de que no tienes nada más que conseguir en cualquier ámbito. Sigue el trabajo que has estado haciendo hasta llegar a ésta página y sé feliz, porqué te lo mereces. Has nacido para brillar con luz propia, has nacido para ser feliz y conseguir todo lo que te propongas.

Sé la persona que marca la diferencia e inspira a todo un entorno, demuestra que se puede. Solo tienes que tener la mochila vacía, tener fe y el resto irá sucediendo poco a poco. (Recuerda la ley de la gestación)

CERO ESCUSAS = AL 100% DE RESULTADO

100% ESCUASAS = AL 0% DE RESULTADO

Así que solo está en tus manos el resultado que elijas. Yo te puedo acompañar por el camino, tanto con mis libros, vídeos, mentorias privadas y cursos, pero el trabajo lo tienes que hacer tú. Eres el único responsable de tu vida y el único y exclusivo creador, nadie más que tú sabe lo que quiere, lo que su alma anhela y lo que le apasiona, no te queda otra opción más que ponerte a ello, ir a por esa pasión y hacerla realidad. Deja de pensar que es como un amor platónico, que nunca va a ser tuyo. Eso te lo dice tu mente para que no salgas de tu zona de confort. Es el gran amor de tu vida, así que ves a por ello y no temas por nada, siempre está el TODO, el Universo, nuestro padre cuidando de nosotros.

Te lo voy a volver a recordar e incluso te lo puedo poner aún más grande el tamaño de la letra, pero no te lo puedo decir más claro.

CERO ESCUSAS = AL 100% DE RESULTADO

100% ESCUASAS = AL 0% DE RESULTADO

Horario

Este horario lo puedes adaptar a tu rutina, es solo orientativo.

7:00 – Al despertar: Agradecer todo lo que tienes, y el gran día que está por venir. Panel de logros

9:00 -Decreto del recuerdo + video

11:00 – Panel de logros + preguntas

12:00 –Decreto del recuerdo+escribir con ambas manos

14:00 – Video del panel de logros

16:00 – Preguntas + audio

18:00 – recuerdo de las afirmaciones

20:00 – video del panel de logros

22:00 – Decreto del recuerdo + preguntas

Antes de dormir, utilizar la meditación + afirmaciones

*Cada vez que vayas en coche escucha el audio del decreto.

** Cada vez que tengas un momento libre y no sepas que hacer, sigue haciendo cosas, escuchar el audio, ver el panel de logros... Cualquier cosa, aunque en el horario todavía no toque.

Horario

Puedes seguir el horario de rutina que te he puesto anteriormente o puedes hacerte el tuyo para adaptarlo a tus horarios diarios.

Hora   actividad

Al despertar Agradecer todo lo que tengo y el gran día que está por venir.

____   _____
____   _____
____   _____
____   _____
____   _____
____   _____
____   _____
____   _____
____   _____
____   _____
____   _____
____   _____
____   _____
____   _____
____   _____
____   _____

Antes de dormir, meditación + afirmaciones

Querido lector, ahora todo lo que logres ya depende de tu constancia y ganas de crear el cambio en tu vida.

Ya no puedo continuar guiándote através de este libro. Si tienes cualquier duda puedo ayudarte en:

sorayareyesperez@gmail.com

Si necesitas una mentoria privada para ayudarte personalmente, también te puedes informar y contratar en el anterior e-mail.

Solo me queda decirte que gracias, gracias, gracias por confiar en mi para guiarte en este cambio tan importante en tu vida.

Ya sabes que mereces lo mejor y que las leyes funcionan, tienes mi ejemplo para comprobarlo. Ahora quiero el tuyo para seguir demostrando a los demás que me ha funcionado a mi y también a ti.

Comparte una de las páginas que más te haya inspirado en redes sociales con el hashtag

#loquetusojosnoven #masalladeloqueves

Sigámonos en redes sociales: @sorayareyesperez

MÁS ALLÁ DE LO QUE VES

MÁS ALLÁ DE LO QUE VES

Notas y reflexiones de Soraya

Cuando emprendes la ruta hacia el éxito es normal que te vengan muchas dudas, es normal que sientas miedo e incluso que sientas que va a ser inalcanzable para ti, pero eso es lo normal, si tú estás en este punto, si, si, en el punto de querer cambiar tu vida, ya tienes que saber que no eres normal, eres del 3%, eres de esas personas que no quieren conformarse con lo que es normal para la sociedad porque así ha sido impuesto, no te conformas con un trabajo mediocre o con una relación que no te aporta nada. Entonces, Si no eres normal, ¿Dejarás qué las emociones de las personas "normales" te afecten?

Cuando escuches la vocecilla del miedo que te susurra al oído no dejes que penetre hasta tu sueño, cuando creas que estás agotado y no puedes más, es solo un reflejo de alguna creencia que tienes, cuando creas que ya has hecho suficiente por tu sueño y no es normal que todavía no tengas resultados, no tires la toalla, no te rindas a 5 metros antes de la meta.

Durante muchos años pensé que era de una manera, me hicieron pensar que no valía para nada, incluso yo pensaba eso de mí, pensé que mi vida sería monótona, en un trabajo que lo único que me aportaría sería una nómina para subsistir y que no me sentiría feliz, solo cuando me pasaran cosas buenas, hasta que decidí que eso no sería así, cambie la forma de verme y el mundo cambió conmigo. A día de hoy hay veces que todavía siguen viniendo voces del pasado que creen conocerme y dicen "como soy", no les hago caso, creo que solo yo se quién soy, que solo yo puedo decidir ponerme una etiqueta y que esa etiqueta siempre será positiva, potenciadora. Imagino que la vida va poniendo pruebas para ver si has superado ciertas cosas del pasado, si realmente esas creencias has conseguido hacerlas desaparecer... Y por eso, aunque ya hayas superado un obstáculo, te vienen otros similares para comprobar como lo saltas esa vez, como afrontas esa situación. Cuando esta última prueba la superas sin ningún problema, es cuando te das cuenta que eso ya no duele, que ya no te frena o manipula, que, a pesar de ese obstáculo, de esas situaciones o de esas voces que se van presentando como el fantasma del pasado, ya solo es eso, un pequeño fantasma, es transparente y débil, ya no tiene el poder de manipular nada, porque tú y solo tú se lo quitaste al superar la situación y aprender la lección.

Siempre nos importa mucho que opinen los demás, pero en el momento en el que te das cuenta que lo importante eres tú, ves la vida de otra manera, te despojas de trapos sucios y de lastres. Te aseguro que te sientes liberado de unas ataduras que realmente nos hemos puesto solo nosotros, pero que vienen de la mano con la sociedad.

En la vida, realmente solo tenemos nuestra vida, a veces pensamos que las vidas de nuestros hijos nos pertenecen, la vida de nuestras parejas, de nuestros padres cuando ya son mayores y no se valen por sí mismos... Realmente solo nos pertenece nuestra vida, a nuestros padres, en esa etapa de la vida, solo nos queda cuidarlos, nuestras parejas tienen el mismo derecho de querer volar hacia sus sueños que nosotros, y nuestros hijos, aunque nos duela en muchas ocasiones, tienen que volar. La vida nos presta a personas muy especiales, que genéticamente son como nosotros, o no, pero solo nos lo dejan, para aprender de ellos, para enseñarles lo mejor de nosotros, prepararlos para el momento en que tienen que despegar y emprender su camino. Y así es el ciclo de la vida. Lo único que debes de hacer es hacerlo todo. No llegues a una edad en la que te arrepientas de lo que no has hecho, no llegues a una edad en la que veas que ya no hay vuelta atrás. Dicen que nunca es tarde, pero sí que es verdad que el tiempo no se puede recuperar, así que en algún momento será tarde para hacer muchas cosas. El momento es el aquí y el ahora. No hay nada más que este preciso momento.

Cuando me di cuenta que un día estaré en mi lecho de muerte, que en ese momento podría estar tranquila y bien acompañada o lamentándome. Tranquila porque en mi vida hice todo lo que tenía que hacer y lo que quise y acompañada porque di amor a tantas personas con los años, que quieren darme amor antes de irme, o podría estar lamentándome por no haber hecho nada en mi vida y haberla dejado pasar. Quizá tenga otra oportunidad y vuelva a este mundo con otra cara, otro cuerpo y en otra familia, o no, porque es algo que no sé, pero esta vida ya la habría dejado escapar y no tendría la oportunidad de volver atrás.

MÁS ALLÁ DE LO QUE VES

AYUDA A AYUDAR

Sé que este libro te ha ido bien, sé que, llegados a este punto, a esta página del libro ya tienes cosas claras, al igual que tienes más de una idea para cambiar tu vida y activarla.

Si quieres que te ayude con el cambio no dudes en ponerte en contacto conmigo para contratar una sesión de mentoria privada.

Mi propósito es hacer de este mundo algo más grande. Ayúdame a conseguirlo.

Si este libro te ha ido bien, regala un ejemplar a personas de tu entorno para que también sean capaces de crear cosas maravillosas como tú. Que también empiecen a encontrar el camino de vuelta hacía su alma. Abramos los ojos para que todo el mundo pueda sentirse libre.

Envíame una foto con el libro MÁS ALLÁ DE LO QUE VES o si tienes la saga completa de LO QUE TUS OJOS NO VEN también.

Te dejo mi correo para que puedas ponerte en contacto conmigo y puedas enviarme tu foto con tu experiencia de vida:

sorayareyesperez@gmail.com

Si todavía no tienes lo que tus ojos no ven y quieres conseguirlo entra en mi página:

http://www.sorayareyesperez.com

Hacen falta en el mundo personas más realizadas. Con esto no quiero decir con estudios Universitarios. Necesitamos mejores personas.

Es muy raro que en mi casa ponga noticias de actualidad. No me gusta escucharlas, solo ponen las desgracias en el mundo y cuando terminan, te quedas con la mente infectada de noticias negativas y eso se pasa a tu mundo. Recuerda que como es dentro es fuera.

Pero sí que hay veces que escucho algún caso que se pone los pelos de punta. En el colegio, cuando voy a buscar a mis hijos, escucho que comentan noticias, sin querer poniendo la radio del coche, en redes sociales, y no puedo creer que el mundo esté así.

Quiero hacer una reflexión querido lector, no es para preocuparnos, sino para ocuparnos.

Hay casos de maridos que matan a sus mujeres ¿Por qué? ¿Por celos? ¿por amor?, eso en realidad no es amor, el amor no duele hasta llegar al punto de matar, el amor es libre y si amas a otra persona, sea tu hijo, tu pareja, tu amiga, sea quien sea, le dejas ir si a tu lado no está bien o desea descubrir otros horizontes. El amor no es propiedad, el amor es libertad. La palabra amor es como la palabra dinero, son solo eso, palabras y eres tú (o las creencias) quien le da el máximo significado.

Enseñemos a amar de una manera libre a nuestros hijos, a nuestro entorno. Cambiemos esta sociedad. No puede ser que las mujeres o incluso algún hombre muera por su pareja por amor, no, eso no es por amor. No dejemos que nuestros jóvenes hagan barbaridades como violaciones en grupo, dañamos a la libertad de la víctima, no hagamos lo que no nos gusta a los demás. Da a los demás todo lo que te gustaría dar a ti.

No maltratemos a nuestros hijos, si no te van bien las cosas, no les lances una bofetada ni una mala palabra, eres el ejemplo a seguir, ellos pensarán que lo que haces está bien y harán lo mismo con las personas a las que "quieren" y será la situación del pez que se muerde la cola.

RESPETEMOS a cada persona de nuestro entorno, como ya te dije en el volumen anterior de la saga, no juzgues, no tengas prejuicios de los demás. No sabes qué situación estará pasando la otra persona, no sabes qué drama puede tener en su vida para hacer, sentir o actuar de esa manera.

Da amor al prójimo, a tu entorno, a ti, a tus hijos, pareja, mascotas... da amor a todo lo que tienes a tu alrededor, a todo lo que te rodea.

Sé lo que se siente cuando una persona a la que quieres mucho te insulta, te menos precia, te hace sentir que no vales nada y te humilla una y otra vez. Te aseguro que no es nada bonito sentirse de esa manera, te aseguro que mucho tiempo de maltrato físico o psicológico puedo llegar a ser letal para una persona. Así que ayudemos a todos los que lo necesiten, ayudemos.

Entre todos debemos de crear un mundo de amor, paz y abundancia.

Actúa con el corazón querido lector.

Gracias por dedicar un minuto de tu tiempo a leer esta reflexión que he querido compartir contigo.

Gracias, gracias, gracias.

Te quiero, te amo.

DAR Y DESPUÉS RECIBIR

Cómo te estoy explicando en esta maravillosa saga, es importante dar a los demás, les ayudas, pero a la vez creas esa ley de dar y recibir. ¡¡Todo lo que des, regales o dones, te es devuelto!!

Siembre y ayuda a los demás.

Con este libro que tienes entre tus manos tú ya estás ayudando. Por cada libro vendido, el 10% de los beneficios irá destinado a una donación al hospital San Juan de Dios de Barcelona, España.

Para la ayuda de enfermedades para nuestros niños, para los niños del mundo. Ellos son nuestro futuro y tienen el mismo derecho de nacimiento a vivir.

Al ayudar con ese minúsculo 10%, el Universo te devolverá un 101%. Así funcionan estas leyes.

Recuerda que la ley es dar y recibir. No esperes a recibir si tú no le das nada a la vida.

Puedes dar tiempo, conocimientos, dinero... Da el 10% de todo lo que tengas.

DA, DA, DA.

MÁS ALLÁ DE LO QUE VES

Lightning Source UK Ltd.
Milton Keynes UK
UKHW010158190322
400272UK00010B/76

9 780464 096238